职业培训教材　　国际商务类职业活动导向教材

外贸业务实训

中国劳动社会保障出版社

图书在版编目（CIP）数据

外贸业务实训/毛军育主编. —北京：中国劳动社会保障出版社，2014
职业培训教材　国际商务类职业活动导向教材
ISBN 978-7-5167-0847-7

Ⅰ.①外…　Ⅱ.①毛…　Ⅲ.①对外贸易-贸易实务　Ⅳ.①F740.4

中国版本图书馆 CIP 数据核字（2014）第 124396 号

中国劳动社会保障出版社出版发行
（北京市惠新东街 1 号　邮政编码：100029）
*
北京宏伟双华印刷有限公司印刷装订　　新华书店经销
787 毫米×1092 毫米　16 开本　4.5 印张　100 千字
2014 年 6 月第 1 版　　2014 年 6 月第 1 次印刷
定价：10.00 元

读者服务部电话：（010）64929211/64921644/84643933
发行部电话：（010）64961894
出版社网址：http://www.class.com.cn

前　言

为适应对外贸易增长方式的转变及外贸企业对技能型人才的需求，根据高等职业教育发展和改革的新形势，福建对外经济贸易职业技术学院紧密围绕教育部《关于加强高职高专人才培养工作的若干意见》和《关于全面提高高等职业教育教学质量的若干意见》等文件，深化高职教育的培养目标和企业职业技能鉴定的要求，与福建省职业技能鉴定中心密切合作，广泛深入各大外贸企业，与外贸业务骨干反复研讨。经过 6 年多的努力，终于形成了国际商务专业“课证深度融合”的人才培养模式，编写出一套国际商务类职业活动导向教材，包括《单证缮制与操作》《外贸单证实训》《出口跟单操作》《进口跟单操作》《外贸跟单实训》《外贸业务实务》和《外贸业务实训》七种教材。

本套教材在教材定位、体系构建和内容组织上具有以下几个特点：

1. 构建“课证融合”的培养模式

把国际商务专业的培养目标直接定位为外贸单证、外贸跟单、外贸业务三个典型工作岗位，与人力资源和社会保障部职业技能鉴定专项职业能力证书考核相衔接，与行政职业认证相衔接，体现课程与企业岗位融通、课程与职业鉴定证书融通、课程与工作过程融通的“课证深度融合”的特点，充分反映以技能和能力培养为本位，以企业需求为基本依据，以就业和职业发展为导向的职业教育培训先进理念，使学生成为企业生产服务一线迫切需要的高素质技能型人才。

2. 采用工作过程导向的课程体系

按照岗位典型工作任务组织教学内容，模拟真实的工作情景，以工作过程为导向，将基本理论和基本操作方法有机结合在一起，兼顾“知识点”“技能点”和“能力点”三者，充分发挥学生的主动性和积极性，构建开放、富有弹性、充满活力的课程体系，有利于学生技能操作能力以及职业综合素质的培养，最终力求实现与企业岗位要求的无缝接轨。

3. 实务与实训相结合，强化操作

为了强化实操能力，服务职业考核的需要，本套教材采用实务加实训的教材模式。例如外贸业务员考核，学生学完《外贸业务实务》后，通过配套《外贸业务实训》练习，加强实操训练，从而进一步提高实操能力。

本套教材可作为高职高专国际商务专业教材，也可作为职业资格认证考核用书，还可作为外贸从业人员参考用书。

本套教材在初期研讨和后期审核中得到包括福建省外贸界老前辈陈光祖先生、福建福田服装集团国际贸易部蔡晓航经理、福州万德电气有限公司国际市场部阮国宁经理，以及优秀外贸企业家赖洲明总经理等企业界一线人员的支持和帮助，在此我们表示诚挚的谢意，并衷心欢迎同行和广大读者对教材中存在的不足提出宝贵意见和建议。

编　者

简　介

本书紧紧围绕外贸业务员的典型工作岗位，以外贸业务工作过程为主导，结合流通型外贸企业的工作内容，将外贸业务操作划分为九项工作任务：熟悉产品、了解市场，会展布置，企业宣传，报价核算，商务谈判，签订外销合同，出口信用证管理，出口合同履行，善后管理工作。根据每一环节的业务内容，结合一个综合外贸业务案例展开实训练习。

本书内容强调职业性，模拟真实工作情景，学员可在具备外贸业务基础知识、掌握基本业务流程的基础上学习本教材。学员通过主动学习、完成整个工作任务的过程，掌握外贸业务员应具备的技能操作能力，并形成相应的职业综合能力素质，达到外贸企业用人要求。

本书由毛军育主编，曾靓参与编写。

目　录

工作任务一

熟悉产品、了解市场

一、实训目标

➢通过实训，使学生能够利用多种途径熟悉产品，并能通过各种途径了解市场。

二、业务背景

福建（厦门）盛宇进出口有限公司成立于 2000 年 1 月，是经国家批准的具有进出口经营权的综合性贸易公司。主要经营各类轻工业产品进出口业务。十年来，本着“团结、开拓、务实、高效”的企业精神，以规模和效益并举为指南，进出口业务有了长足的发展，出口创汇逐年递增，年进出口额超过 1 000 万美元。良好的信誉、优质的服务、可靠的质量，使公司客户遍布世界各地。出口产品形成了以玩具产品为主导，轻工、工艺等产品并重发展的出口产品格局，具有较强的产品开发出口能力和国际市场竞争力。取得了良好的经济效益和社会效益，被厦门资信评估公司评为“AAA”级信用企业，并通过 ISO 9001：2000 质量管理体系认证和英国 UKAS 质量认证。

出于业务扩展的需要，2010 年 3 月，公司计划从 2010 届应届毕业生中招聘出口部业务员一名，经过层层筛选，李东被福建（厦门）盛宇进出口有限公司聘用为出口部业务员。这位刚进入社会的毕业生虽然经验不足，但有一股冲劲，对未来的工作充满期待。2010 年 7 月，李东正式进入公司工作，面临如何从众多产品中挑选适合自己产品的问题。同时他还要尽快熟悉该产品，了解该产品的市场情况，做好开展外贸业务的准备工作。

三、实训任务

请你以业务员李东的身份，结合以上业务背景和实例示范，完成以下任务：

1. 选择公司某种商品作为开展出口业务的产品，并熟悉产品；
2. 了解该产品的市场情况。

四、操作参考案例

在此以茶叶的外贸业务为例，介绍熟悉产品和了解市场的过程及搜集的信息，以供参考。

1. 熟悉茶叶产品

茶与咖啡、可可并称为世界三大饮料。据考察，“茶”字最早出现在《百声大师碑》和《怀晖碑》中，时间大约在唐朝中期公元 806 年到公元 820 年。在此之前，“茶”是用“荼”表示的。

（1）茶叶的成分。

1）儿茶素类。俗称茶单宁，是茶叶的特有成分，具有苦、涩味及收敛性。

2）咖啡因。带有苦味，是构成茶汤滋味的重要成分。

3）矿物质。茶中含有丰富的钾、钙、镁、锰等11种矿物质。茶汤中阳离子含量较多而阴离子较少，属于碱性食品。可帮助体液维持碱性，保持健康。

4）维生素。类胡萝卜素在人体内可转换为维生素，但要和茶末一起饮咽才可补充；B族维生素及维生素C为水溶性，可由茶汤中获取。

（2）茶叶的种类。

1）绿茶。绿茶为不发酵的茶（发酵度为零）。其制作工艺经过杀青、揉捻、干燥的过程。由于加工时干燥的方法不同，绿茶又可分为炒青绿茶、烘青绿茶、蒸青绿茶和晒青绿茶。绿茶是我国产量最多的一类茶叶，全国18个产茶省（区）都生产绿茶。我国绿茶花色品种之多居世界之首，每年出口数万吨，占世界茶叶市场绿茶贸易量的70%左右。我国传统绿茶——眉茶和珠茶，以香高、味醇、形美、耐冲泡，而深受国内外消费者的欢迎。

2）乌龙茶。乌龙茶又称青茶，属半发酵茶（发酵度为30～60 m），即制作时适当发酵，使叶片稍有红变，是介于绿茶与红茶之间的一种茶类。它既有绿茶的鲜浓，又有红茶的甜醇。因其叶片中间为绿色，叶缘呈红色，故有“绿叶红镶边”之称。但是安溪铁观音中的感德、长坑、祥华的最新清香制法没有“绿叶红镶边”的特征。特别是感德下村（霞云村、霞春村等）更是该做法的典型代表。

3）红茶。红茶为全发酵的茶（发酵度为80～90 m）。红茶加工时不经杀青，而是萎凋，使鲜叶失去一部分水分，再揉捻（揉搓成条或切成颗粒），然后发酵，使所含的茶多酚氧化，变成红色的化合物。这种化合物一部分溶于水，一部分不溶于水而积累在叶片中，从而形成红汤、红叶。红茶主要有小种红茶、工夫红茶和红碎茶三大类。工夫红茶主要分布在广东、福建、江西一带，以潮汕的工夫茶为主。

4）黄茶。黄茶为微发酵的茶（发酵度为10～20 m）。在制茶过程中，经过闷堆渥黄，因而形成黄叶、黄汤。分为黄芽茶（包括湖南洞庭湖君山银芽、四川雅安名山县的蒙顶黄芽、安徽霍山的霍山黄芽），黄小茶（包括湖南岳阳的北港在、湖南宁乡的沩山毛尖、浙江平阳的平阳黄汤、湖北远安的鹿苑）和黄大茶（包括大叶青、安徽的霍山黄大茶）三类。

5）白茶。轻度发酵的茶（发酵度为 20～30 m）。白茶加工时不炒不揉，只将细嫩、叶背满茸毛的茶叶晒干或用文火烘干，而使白色茸毛完整地保留下来。白茶主要产于福建的福鼎、政和、松溪和建阳等县，有“银针”“白牡丹”“贡眉”“寿眉”四种。

6）黑茶。黑茶是后发酵的茶（发酵度为 100 m）。原料粗老，加工时堆积发酵时间较长，使叶色呈暗褐色，压制成砖。黑茶原来主要销往边区，是藏、蒙、维吾尔等兄弟民族不可缺少的日常必需品。黑茶的主要品种包括陕西咸阳“茯砖茶”、云南“普洱茶”、湖南“黑茶”、湖北“老青茶”、广西“六堡茶”和四川“边茶”等。

(3) 茶叶的选购。茶叶的选购不是易事，要想得到好茶叶，需要掌握大量的知识，如各类茶叶的等级标准、价格与行情，以及茶叶的审评、检验方法等。茶叶的好坏，主要从色、香、味、形四个方面鉴别，但是对于普通饮茶之人，在购买茶叶时，一般只能观看干茶的外形和色泽，闻干香，使得判断茶叶的品质更加不易。这里粗略介绍一下鉴别干茶的方法。干茶的外形，主要从六个方面来看，即嫩度、条索、色泽、整碎、净度和香气。

1）嫩度。一般嫩度好的茶叶，符合外形要求（“光、扁、平、直”）。但是不能仅从茸毛多少判别嫩度，因各种茶的具体要求不一样，如极好的狮峰龙井是体表无茸毛的。芽叶嫩度以多茸毛做判断依据，只适合于毛峰、毛尖、银针等“茸毛类”茶。这里需要注意的是，最嫩的鲜叶，也得一芽一叶初展，片面采摘芽心的做法是不恰当的，因为芽心是生长不完善的部分，内含成分不全面，特别是叶绿素含量很低。因此不应单纯为了追求嫩度而只用芽心制茶。

2）条索。条索是各类茶具有的一定外形规格，如炒青条形、珠茶圆形、龙井扁形、红碎茶颗粒形等。一般长条形茶，看松紧、弯直、壮瘦、圆扁、轻重；圆形茶看颗粒的松紧、匀正、轻重、空实；扁形茶看平整光滑程度和是否符合规格。一般来说，条索紧、身骨重、圆（扁形茶除外）而挺直，说明原料嫩，做工好，品质优；如果外形松、扁（扁形茶除外）、碎，并有烟、焦味，说明原料老、做工差、品质劣。

3）色泽。茶叶色泽与原料嫩度、加工技术有密切的关系。各种茶均有一定的色泽要求，如红茶要求色泽乌黑油润、绿茶要求颜色翠绿、乌龙茶要求为青褐色、黑茶要求为黑油色等。但是无论何种茶类，好茶均要求色泽一致、光泽明亮、油润鲜活，如果色泽不一、深浅不同、暗而无光，说明原料老嫩不一，做工差，品质劣。茶叶的色泽还和茶树的产地以及季节有很大关系。如高山绿茶，色泽绿而略带黄，鲜活明亮；低山茶或平地茶色泽深绿有光。在制茶过程中，由于技术不当，也往往使色泽劣变。在购茶时，应根据具体购买的茶类加以判断。

4）整碎。整碎就是茶叶的外形和断碎程度，以匀整为好，断碎为次。比较标准的茶叶审评，是将茶叶放在盘中（一般为木质），使茶叶在旋转力的作用下，依形状大小、轻重、粗细、整碎形成有次序的分层。其中粗壮的在最上层，紧细重实的集中于中层，断碎细小的沉积在最下层。各茶类都以中层茶多为好。上层一般是粗老叶子多，滋味较淡，水色较浅；下层碎茶多，冲泡后往往滋味过浓，汤色较深。

5）净度。主要看茶叶中是否混有茶片、茶梗、茶末、茶籽和制作过程中混入的竹屑、木片、石灰、泥沙等夹杂物的多少。净度好的茶，不含任何夹杂物。

6）香气。北方通称“茶香”。茶叶经开水冲泡5分钟后，倾出茶汁于审评碗内，嗅其香气是否正常。以花香、果香、蜜糖香等令人喜爱的香气为佳。而烟、馊、霉、老火等气味，往往是由于制造处理不良或包装储藏不良所致。

（4）茶叶的保鲜。

1）将装入铁罐内的茶叶用抽气机抽去罐内空气，再焊好封口，如此可储藏茶叶2～3年。如果条件不够，可用热水瓶胆储藏，因为水瓶胆与外界空气隔绝，茶叶装入胆内，加塞盖严后，以白蜡封口，外包胶布，简单易行，易于家庭储藏。

2）普通的瓶、罐等储藏茶叶，用设有内外双层盖或以口小腹大的陶罐为好，可以减少容器内的茶叶与空气接触，容器盖要与容器身结合严密，以防止湿气进入。

3）茶叶的包装材料要求无异味，有良好的防潮性能，盛茶容器和使用方法要尽可能密闭，减少与空气的接触，要求存放在干燥、清洁、无异味的地方。

4）利用冷藏室或电冰箱储藏，在储藏时注意将茶叶密封后再放入。

5）用生石灰或高级干燥剂，如硅胶吸收茶叶中的水分，储藏效果较好。

6）利用罐内空气稀薄及密封后罐内茶叶与外界隔绝原理，将茶叶烘干到含水量在2%左右趁热立即装入罐内，然后再密封，在常温下也可储藏1～2年。

2. 了解茶叶市场

（1）我国茶叶出口现状。目前，世界茶叶三大出口国是印度、中国和斯里兰卡，茶叶年产量均超过百万吨。主要进口国为俄罗斯、英国、美国、巴基斯坦等。

在全球金融危机蔓延的大环境下，2009 年我国茶叶出口逆势上扬，据海关统计，2009 年，我国茶叶出口量达 30.3 万吨，出口金额首次突破 30 亿元大关，同比增长 2%，一举打破近五年来始终在 28 万～30 万吨之间徘徊不前的局面；出口金额 7.05 亿美元，突破 7 亿美元大关，同比增长 3.3%，实现了全国茶人期盼已久的历史性双突破，总量和金额连续 6 年创历史新高。2010 年，茶叶出口量达 30.24 万吨，同比基本持平，但出口金额再创新高，达 7.84 亿美元。茶叶出口主要有以下四个特点：

1）绿茶、花茶、普洱茶出口量上升，红茶、乌龙茶出口量下降。

2）国际市场以红茶消费为主，特种茶的资源优势一时难以转化为市场优势。

3）美国、俄罗斯出口增长，日本、欧洲恢复性增长，西非等国家传统市场下降。

4）中东伊斯兰国家以红茶为主。

（2）2010 年茶叶出口情况表见表 1—1。

表 1—1　　2010 年茶叶出口情况表

	出口量（万吨）	增加比例（%）	金额（万美元）	增加比例（%）	单价（美元/吨）
绿茶	23.42	2.12	56 700	8.07	2 421.007 686
花茶	0.735 6	24.4	3 990	34.7	5 424.143 556
普洱茶	0.457 8	31.3	2 622	34	5 727.391 874
红茶	3.66	−7.83	7 981	24	2 180.601 093
乌龙茶	1.966	−18.24	7 140	6.8	3 988.826 816
总计	30.24	—	78 400	—	2 592.592 593

（3）我国茶叶出口的主要市场。在茶叶出口市场中，2009 年我国茶叶出口量上万吨的市场依次为摩洛哥（5.84 万吨）、乌兹别克斯坦（2.23 万吨）、俄罗斯（约 2 万吨）、美国（1.93 万吨）、日本（1.89 万吨）、巴基斯坦、阿尔及利亚、贝宁和毛里塔尼亚。上述市场占 2009 年我国茶叶出口总量、总额的 60%和 56%。

工作任务二

会展布置

一、实训目标

➢通过实训，使学生能够熟悉处于外贸行业应该掌握的基本知识与技能，掌握补充这些知识与技能的基本途径，能够做好业务参展的准备工作。

二、业务背景

进入公司两个月后，业务员李东选择毛绒玩具作为自己开展外贸业务的主打产品，在熟悉了公司的经营产品、工作程序等各项内容后，开始独立开展外贸业务工作。公司决定派李东参加第108届广交会，李东需做好各项准备工作，充分利用交易会平台，通过交易会开发客户。

三、实训任务

请你以业务员李东的身份，结合以上信息，完成以下任务：

1. 做好广交会参展准备；
2. 参加广交会；
3. 广交会结束后进行客户跟踪。

四、操作参考案例

在此以茶叶产品的参展工作为例，介绍会展布置的程序和内容，供参考。

1. 做好广交会参展准备工作

中国进出口商品交易会即广州交易会，简称广交会，英文名为 Canton fair，创办于1957年春季，每年春秋两季在广州举办，迄今已有五十余年历史，是中国目前历史最长、层次最高、规模最大、商品种类最全、到会客商最多、成交效果最好的综合性国际贸易盛会。自2007年4月第101届起，广交会由中国出口商品交易会更名为中国进出口商品交易会，由单一出口平台变为进出口双向交易平台。

中国进出口商品交易会由48个交易团组成，有数千家资信良好、实力雄厚的外贸公司、生产企业、科研院所、外商投资/独资企业、私营企业参展。

中国进出口商品交易会贸易方式灵活多样，除传统的看样成交外，还举办网上交易会。广交会以出口贸易为主，也做进口生意，还可以开展多种形式的经济技术合作与交流，以及商检、保险、运输、广告、咨询等业务活动。来自世界各地的客商云集广州，互通商情，增进友谊。

广交会现在分三期举行，每期都有不同的参展范围：

第一期：大型机械及设备、小型机械、自行车、摩托车、汽车配件、化工产品、五金、工具、车辆（户外）、工程机械（户外）、家用电器、电子消费品、电子电气产品、计算机及通信产品、照明产品、建筑及装饰材料、卫浴设备、进口展区。

第二期：餐厨用具、日用陶瓷、工艺陶瓷、家居装饰品、玻璃工艺品、家具、编织及藤铁工艺品、园林产品、铁石制品（户外）、家居用品、个人护理用具、浴室用品、钟表眼镜、玩具、礼品及赠品、节日用品、土特产品（109届新编入）。

第三期：男女装、童装、内衣、运动服及休闲服、裘革皮羽绒及制品、服装饰物及配件、家用纺织品、纺织原料面料、地毯及挂毯、食品、医药及保健品、医疗器械、耗材、敷料、体育及旅游休闲用品、办公文具、鞋、箱包。

（1）确定参展商品种类。绿茶、红茶和乌龙茶。

（2）准备参展商品样品。展品是参展商能直接给观摩者留下印象的最重要因素。据统计，在参观者的记忆因素中，展品具有吸引力可占到39%的比重，因此，应给予特别的重视。选样的原则要有针对性、代表性和独特性。

绿茶——龙井茶、碧螺春、六安瓜片；

红茶——祁门红茶、荔枝红茶、正山小种；

乌龙茶——安溪铁观音、大红袍、冻顶乌龙茶。

（3）准备文件。

1）报价单。以备客户询问时使用。

2）个人名片。分发名片给潜在客户。

3）空白笔记本。用来整理客户名片。

4）空白发票。为交易会上下单的客户准备。

5）公司题头的便笺纸。

6）在参展时，可以做一些印有公司名称、地址和联系方式的手提袋，可以方便客户装图册，宣传公司，是提高公司影响力的手段。

7）给老客户准备一些礼物用来增进相互之间的交流和友谊。

8）公司产品画册。向客户推荐产品的时候，记得在交换名片的同时，也要把公司产品的画册递给客户，让客户能够进一步了解自己公司的产品。

（4）准备工具。带足名片、笔、笔记本、档案夹、订书机、曲别针、计算器、透明胶带、双面胶、涂改液、壁纸刀、盒尺、台历，带好图册、CD、各类茶具、手机、手机充电器（方便客户在拿到名片后可以联系到你）、数码相机、名片扫描仪、手提电脑等。

（5）知识准备。对公司涉及的产品种类有清晰的认识，熟悉参展商品，最起码要记住产品的大类名称（普通、高级、豪华），价格要牢记。

（6）展台设计。展台设计的任务应着重美观。展台要能充分反映出参展商的形象，能吸引参观者的注意力。最好制作一个印有公司名称的横幅挂在高处，使其醒目显眼。展台设计要与整体的贸易气氛相协调：

1）展台设计是为了衬托展品，不可喧宾夺主；

2）展台设计需考虑参展商的公众形象，不可过于标新立异；

3）在展台设计时，不要忽略展示、会谈、咨询和休息等基本功能。

(7) 参展费用预算。一般来说，参展费用包括以下五大类：参展摊位费用、场地布置费用、参展人员费用、交通食宿费用、其余事件费用。

虽然说参展肯定会有许多不可避免的费用，但要切合实际争取合理利用资源，不浪费可用资源。

2. 广交会上的工作

展销当日举行现场茶艺表演、产品试喝，让客户更进一步了解产品，深入体会茶香茶色。

在广交会期间，客户因来自不同的国家，意向不同，交易的心理也不同。大致可以分为以下四类：

第一类：有明确交易意向，即已签订合同的客户。

第二类：有意向要下单，但对某项条款或价格谈不来的客户。

第三类：要求发资料的客户。

第四类：随便看看、随便问问的客户。

3. 广交会结束后的工作

广交会结束后的主要工作是进行客户跟踪：

(1) 对于第一类客户，回来后一般都是按照客户的要求给其详细的资料，并要求客户开证。

(2) 对于第二类客户，他们对产品问得越详细、条款谈得越仔细，则机会越多。对于这类客户，回来后就应及时联系，把所有的资料、所有涉及的问题标得清清楚楚后给他发过去。

(3) 对于第三类客户，按他所说的要求尽可能把详细的资料发给他。

(4) 对于第四类客户，可凭名片联系，如果名片有网址，先参观他们的网站，看看他们主要经营什么产品，再按照不同的情况向他们发不同的资料。

工作任务三

企业宣传

一、实训目标

➢通过实训，使学生能够撰写公司简介，设计企业宣传册，对公司进行全面介绍。

二、业务背景

在第108届广交会结束后，李东回到公司，业务部经理告诉他，公司的英文简介已经有很多年没有更新了，希望李东能够为公司撰写一份新的英文简介，并设计一份企业宣传册。

三、实训任务

请你以业务员李东的身份，结合以上信息，完成以下任务：

1. 书写公司英文简介；

2. 设计企业宣传册。

四、相关知识

1. 企业宣传册简介

企业宣传册一般以纸质材料为直接载体，以企业文化、企业产品为传播内容，是企业对外最直接、最形象、最有效的宣传形式。宣传册一般包括封面部分、环衬、扉页、前言、目录、内页、封底（一般为企业的联系方式）七部分。

目前比较流行的是电子版的企业宣传册，即企业电子宣传册，就是把企业精心制作的宣传册制作成电子版发布到网络上，是将图片、视频、声音、文字集合在一起的一种全新企业网络推广技术，具有传统宣传册的翻书效果。可用于展会展览、产品宣传、样本展示等。

2. 企业宣传册设计的特征

(1) 宣传准确、真实。宣传册与招贴广告同属视觉形象化的设计。都是通过形象的表现技巧，在广告作品中塑造出真实感人、栩栩如生的产品艺术形象吸引消费者，使其接受广告宣传的主题，以达到准确介绍商品，促进销售的目的。与此同时，宣传册还可以附带广告产品实样，如纺织面料、特种纸张、装饰材料、洗涤用品等，更具有直观的宣传效果。

(2) 介绍仔细、翔实。提示性的招贴广告，以流动的消费者为主要诉求对象。因此，追求的是瞬间的视觉感染力，强调其注目率和强烈的视觉冲击力。而宣传册则与招贴广告不同，它可以保证有长时间的广告诉求效果，使消费者对广告有仔细品味的余地。因此，宣传册应仔细、详尽地介绍、说明产品的性能特点和使用方法。同时可以提供各种类型、不同角度的产品照片以及工作原理图纸，科学试验的数据、图表等，以便用户合理选择、正确操作使用和维修保养。

（3）印刷精美别致。宣传册有近似杂志广告的媒体优势，即印刷精美、精读率高，相对来说这一点是招贴广告所不具备的。因此，宣传册要充分利用现代先进的印刷技术，同时通过语言生动、表述清楚的广告文案使宣传册以图文并茂的视觉优势，有效地传递广告信息，说服消费者，使其对产品留下深刻的印象。

（4）散发流传广泛。宣传册可以大量印发，可邮寄到代销商或随商品发到用户手中。或通过产品展销会、交易会分发给到会观众，这样使广告产品或劳务信息广为流传。由于宣传册开本较小，因此便于邮寄和携带。同时有些样本也可以作为技术资料长期保存。

3. 企业宣传册制作技巧

（1）封面大方、美观。封面要大方、美观，最好显得很阔气，能够突出或者显示企业形象。也可以使用一些印刷工艺，虽然费用会相对高一些，但效果是不容忽视的。

（2）体现企业的文化与实力。宣传册本来就是用来宣传企业的，重在把企业的品牌文化与经济实力体现出来，这就需要图文并茂，推介企业的文化（企业的历史、宗旨等），展示企业的实力（荣誉、建设规模、产品、设备、执行力等），描绘企业的美好前景（企业规划等），吸引读者的眼球，增强读者对企业的关注度。

（3）内页不要太多。页数太多会使读者失去耐心，保持在5～8页即可。而且文字部分不要太多，最好以图片加以说明。以简练的语言达到企业的宣传效果。

（4）增加信息量。如果企业曾在一些网站或某个重要媒体做过宣传的话，那么要把该公司在哪些网站做过宣传写上去，这样如果有人感兴趣也可以直接去网站浏览，或在媒体上见到该公司的时候对该公司记忆更加深刻。这就达到了企业宣传的目的。

（5）语言简单、明了。尽量使语言通俗，简单、明了，以便适应读者不同的文化层次。

（6）最好彩印。企业宣传册最好用彩印，不要做成黑白的，这也是档次的一种体现。

（7）纸张要求。企业宣传册的印制除了考虑设计、内容编排因素外，还要考虑印刷的纸张与印刷工艺，这对提升宣传册的品位与档次会有很大的影响。

（8）设计风格要体现公司特色，异于常规。

4. 企业宣传册设计举例

在此以荷兰伟达进出口有限公司的企业宣传册设计方案为例，展示宣传册的设计要点及技巧等，供参考。为了便于向客户介绍，设计方案通常以幻灯片（*. ppt）的形式展现。方案的主要内容包括宣传册的规格、公司简介（who）、公司的主要业务（what）和公司的合作伙伴及未来发展（company）等。

荷兰伟达进出口有限公司
企业宣传册设计

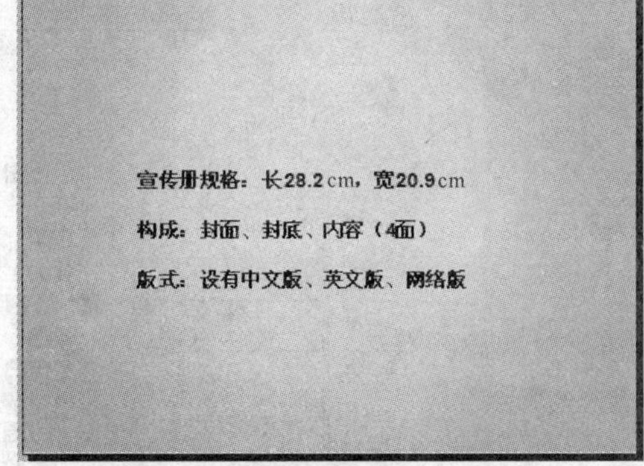

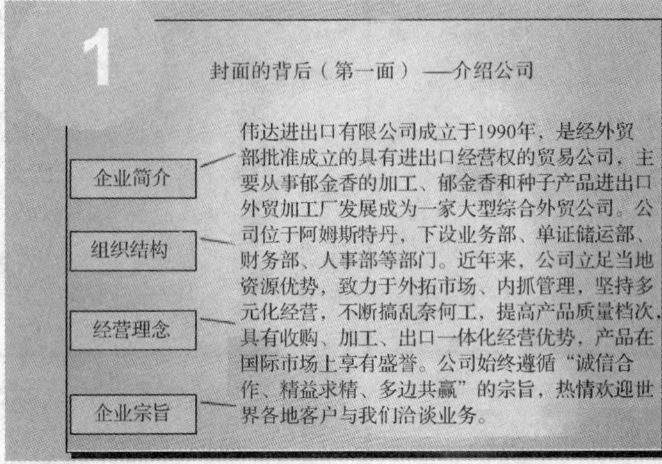
1
封面的背后（第一面）——介绍公司
企业简介
组织结构
经营理念
企业宗旨
伟达进出口有限公司成立于1990年，是经外贸部批准成立的具有进出口经营权的贸易公司，主要从事郁金香的加工、郁金香和种子产品进出口外贸加工厂发展成为一家大型综合外贸公司。公司位于阿姆斯特丹，下设业务部、单证储运部、财务部、人事部等部门。近年来，公司立足当地资源优势，致力于外拓市场、内抓管理，坚持多元化经营，不断搞乱奈何工，提高产品质量档次，具有收购、加工、出口一体化经营优势，产品在国际市场上享有盛誉。公司始终遵循“诚信合作、精益求精、多边共赢”的宗旨，热情欢迎世界各地客户与我们洽谈业务。

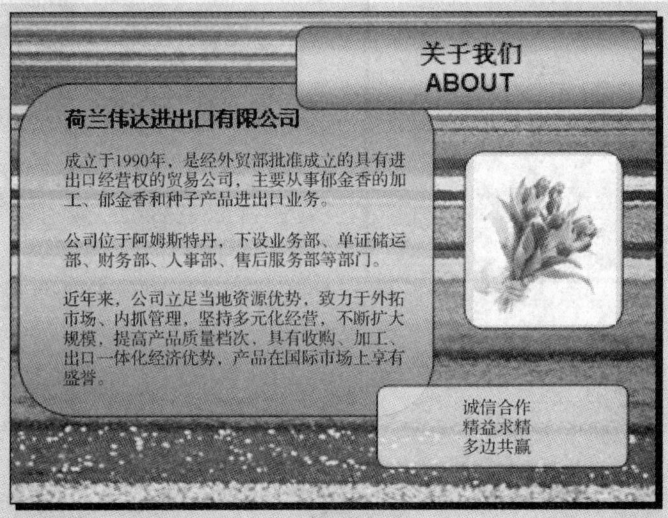
关于我们
ABOUT
荷兰伟达进出口有限公司
成立于1990年，是经外贸部批准成立的具有进出口经营权的贸易公司，主要从事郁金香的加工、郁金香和种子产品进出口业务。
公司位于阿姆斯特丹，下设业务部、单证储运部、财务部、人事部、售后服务部等部门。
近年来，公司立足当地资源优势，致力于外拓市场、内抓管理，坚持多元化经营，不断扩大规模，提高产品质量档次，具有收购、加工、出口一体化经济优势，产品在国际市场上享有盛誉。
诚信合作
精益求精
多边共赢

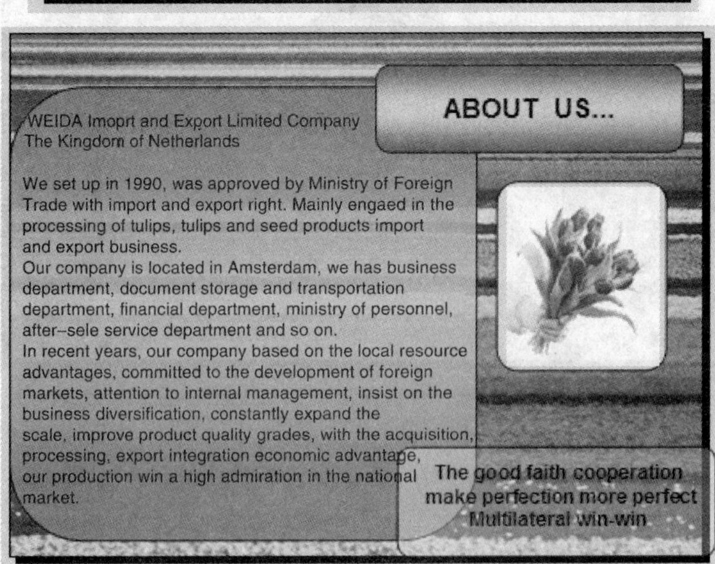
ABOUT US...
WEIDA Imoprt and Export Limited Company
The Kingdom of Netherlands
We set up in 1990, was approved by Ministry of Foreign Trade with import and export right. Mainly engaed in the processing of tulips, tulips and seed products import and export business.
Our company is located in Amsterdam, we has business department, document storage and transportation department, financial department, ministry of personnel, after–sele service department and so on.
In recent years, our company based on the local resource advantages, committed to the development of foreign markets, attention to internal management, insist on the business diversification, constantly expand the scale, improve product quality grades, with the acquisition, processing, export integration economic advantage, our production win a high admiration in the national market.
The good faith cooperation
make perfection more perfect
Multilateral win-win

2

（第二面）——我们能够提供什么

业务范围：种子批发销售，鲜切花和干花的销售，各种现场花卉布置，精油、香水、香袋的销售。

业务流程：分为两种方式：门店直接咨询销售、网上咨询销售。

服务优势：1. 雄厚的公司业务基础；2. 优秀的客户经理队伍；3.鲜明的产品特色；4.领先的专家业务指导；5.强大的后盾人员支持；6.让人放心的售后服务

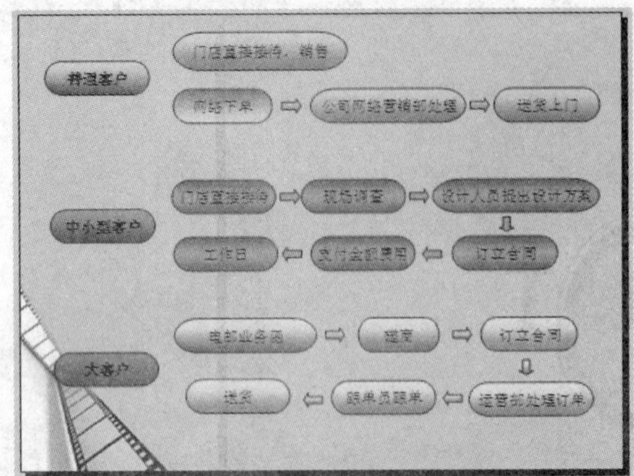
普通客户
门店直接接待，销售
网站下单
公司网络营销部处理
送货上门
中小型客户
门店直接接待
现场调查
设计人员提出设计方案
订立合同
支付全部费用
工作日
大客户
电邮业务函
磋商
订立合同
运营部处理订单
跟单员跟单
送货

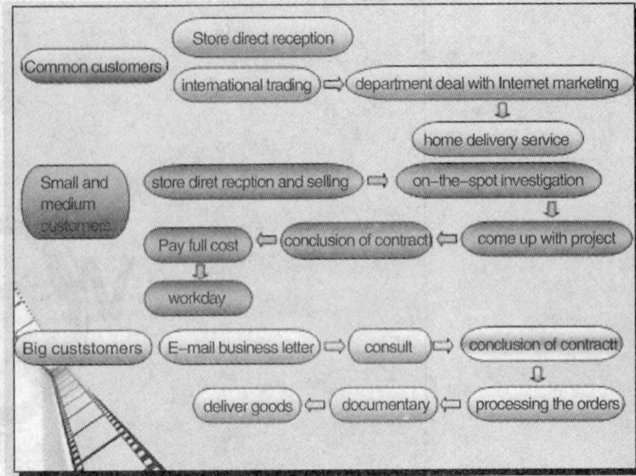
Common customers
Store direct reception
international trading
department deal with Internet marketing
home delivery service
Small and medium customers
store diret recption and selling
on–the–spot investigation
come up with project
conclusion of contract
Pay full cost
workday
Big custstomers
E–mail business letter
consult
conclusion of contractt
processing the orders
documentary
deliver goods

3
（第三面）——介绍公司的合作伙伴和未来发展
北京艾卉科旭花卉商贸有限公司、美国岂帆花卉贸易有限公司成为我公司的长期战略合作伙伴
如今，我公司种植的郁金香已遍布世界各地、法国卢浮宫、美国白宫、中国颐和园等
未来20年，我公司将投入大量资金与中国农业大学、中国科学院合作用于研究耐高温、耐干旱的更具民族特色的郁金香新品种，以开拓非洲以及南美洲市场

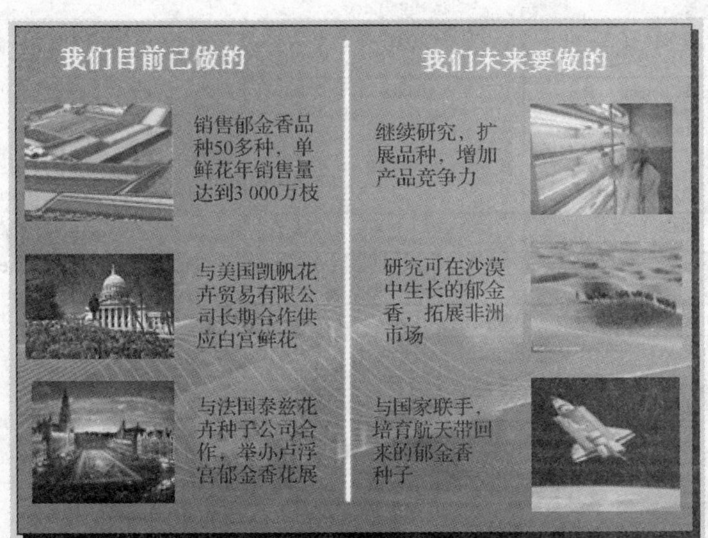
我们目前已做的
我们未来要做的
销售郁金香品种50多种，单鲜花年销售量达到3 000万枝
继续研究，扩展品种，增加产品竞争力
与美国凯帆花卉贸易有限公司长期合作供应白宫鲜花
研究可在沙漠中生长的郁金香，拓展非洲市场
与法国泰兹花卉种子公司合作，举办卢浮宫郁金香花展
与国家联手，培育航天带回来的郁金香种子

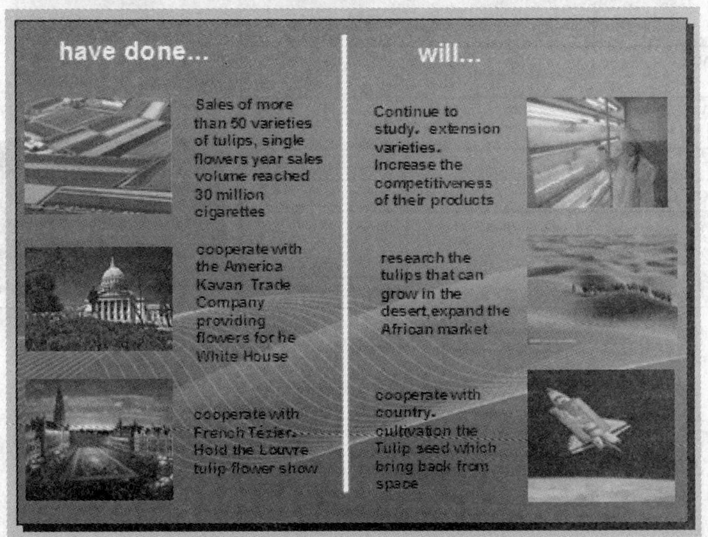
have done...
will...
Sales of more than 50 varieties of tulips, single flowers year sales volume reached 30 million cigarettes
Continue to study. extension varieties. Increase the competitiveness of their products
cooperate with the America Kavan Trade Company providing flowers for he White House
research the tulips that can grow in the desert,expand the African market
cooperate with French Tézier. Hold the Louvre tulip flower show
cooperate with country. cultivation the Tulip seed which bring back from space

未来
你我共同进步
WEB: www.weida-NED.com
TEL: +31-(0)203-0577
荷兰伟达进出口有限公司

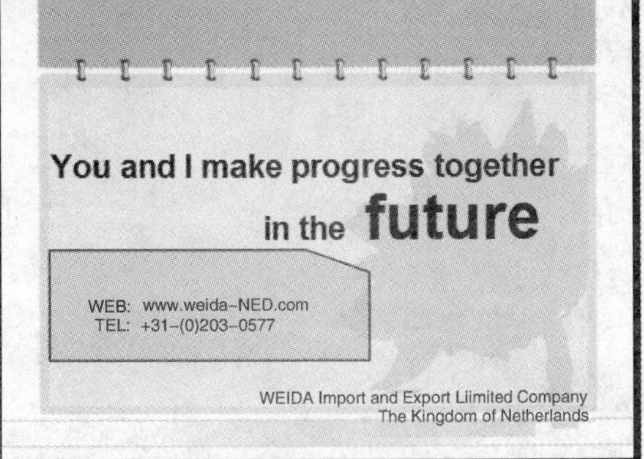
You and I make progress together
in the future
WEB: www.weida-NED.com
TEL: +31-(0)203-0577
WEIDA Import and Export Liimited Company
The Kingdom of Netherlands

OUR REF:	CH001	DATE:	2012.10.1
TO:	**The Beijing Ai Hui Branch Asahi flowers Trading Company**	VALID:	7DAYS
ATTN:	Mr.Cai		

TEL:	0031—222333000	FAX	0031—22344400	EMAIL:CAI@163.COM

ITEM NO:	CH001 TULIP SEED
DESCRIPTION:	TULIP SEED
BRAND:	XIANGMIANG SOURCE
COLOR:	PURPLE
PACKAGEING:	CTNS
PACKING DETAILS:	500 PER PACK/BOX
CONTAINER QTY:	4.005
MINIUM ORDER	5000PER PACK
DELIVERY:	October1, 2012
PAYMENT	L/C
PRICE:	USD0.3 FOB CHINA
REMARKS:	

荷兰伟达进出口有限公司
WEIDA import and export limited company

The Kingdom of Netherlands Amsterdam

工作任务四

报价核算

一、实训目标

➢通过实训，使学生能够根据客户来函的要求，对商品进行精确报价。

二、业务背景

在第 108 届广交会上，外贸业务员李东结识了来自荷兰经营玩具的 JBS TRADING B. V. 公司（福建盛宇进出口有限公司的新客户）经理 William Smith，William 对一款毛绒玩具——孪生熊，型号 KB0368（Twin Bear，Article No. KB0368），非常感兴趣，但因其事务繁忙，仅留下名片，称日后再联系。2010 年 10 月 28 日（星期四），李东回到厦门，收到了 William 的电子邮件，欲购毛绒玩具，内容如下：

JBS PRODUCTS

JBS TRADING B. V.
Heiman Dullaertolein 4，3068CA Rotterdam，The Netherlands
P. O. Box 1788

TEL：+31-10-4767518　FAX：+31-10-4767522　E-MAIL：william@jbs. com
TO：FUJIAN SHENGYU IMPORT AND EXPORT CO.，LTD.
ATTN：DONG LI
DATE：OCT. 28，2010

Dear Mr. Li，

It was a pity that we didn't have the chance to talk with you in detail during the 108th Chinese Export Commodities Fair. We are very interested in your plush toys，item Twin Bear Article No. KB0368. It would be appreciated if you could quote us your best price in USD/set on CIF Rotterdam for 2000 sets. Paid by T/T terms. Besides，the commodity must be delivered before Feb. 28，2011.

Meanwhile，we would like to have one sample of the above items for our customers to test before we place a firm order. Please mail it by DHL as soon as possible. If the lab tests go well，and your price is competitive，we'd certainly be able to place the order.

Looking forward to hearing from you.

Yours sincerely,
JBS TRADING B. V.
William Smith
Manager

李东当日发传真给老供应商漳州天翔玩具厂，指示其按 JBS TRADING B. V. 公司要求打样并报价。2010 年 10 月 30 日，李东收到漳州天翔玩具厂寄来的 2 套毛绒玩具孪生熊样品及漳州天翔玩具厂就毛绒玩具的回复：

漳州天翔玩具厂
福建省漳州市金峰路 218 号
TEL：0596-6666666　FAX：0596-6666667
E-MAIL：JINXINLU@SINA. COM

TO：福建盛宇进出口有限公司
ATTN：李东
FM：卢金新
尊敬的李东先生：
您好！
接到您的传真后，我马上组织相关人员进行打样，样品已于今天上午寄出。下面是关于型号为 NO. KB0368 的孪生熊的相关信息：
品名：毛绒孪生熊玩具
含税价：￥50/套
增值税率：17%
包装方式：用出口纸箱包装，1 套 2 件，每 4 套装 1 箱
包装尺寸：55 cm×45 cm×42 cm＝0.104 m^3
毛重：8 千克/箱
净重：5.5 千克/箱
月生产能力：3 000 套
最低起订量：1 000 套
付款方式：交货时付款
交货地点：工厂交货
若有其他问题，请随时垂询，我们将全力配合。
此致
敬礼

卢金新
2010 年 10 月 30 日

在公司老业务员的指引下，李东收集到了以下业务信息，准备对该款毛绒熊玩具进行出口报价核算，具体如下：

2010 年 10 月 30 日的美元买入价	USD1＝￥6.6114
业务定额费率（以采购成本为基础）	3%
国内运费	一个 40′集装箱为人民币 1 000 元
其他费用	一个 40′集装箱为人民币 500 元
成交数量（装箱数）	2 000 套（500 箱，1×40′）
银行贷款年利率	6.12%
垫款时间（天）	30
出口退税率	11%
银行手续费（按成交金额计）	0.2%
国外运费	从厦门至鹿特丹的一个 40′集装箱的整箱运价为 2 700 美元
海运保险费率（加一成投保平安险）	0.1%
销售利润率	10%

三、实训任务

请你以业务员李东的身份，结合以上信息，按照客户要求核算出口报价，同时向 JBS 寄送样品。

四、操作参考案例

在此以福州程欣进出口公司冰冻水产的出口报价核算过程为例，展示报价核算的步骤和要点，供参考。

1. 项目内容

2011 年 9 月 14 日，福州程欣进出口公司小莉接到日本客户的邮件求购 17 公吨冷冻水产，要求报出含 3%佣金的 FOB（装运港船上交货）、CFR（成本加运费）和 CIF（成本保险费加运费）价格。小莉当前的工作任务如下：

【任务 1】核算出口成本

外贸业务员小莉向水产品供应商了解供应价格以及供应商是否能开立增值税专用发票，该水产品的增值税率和出口退税率，据此核算产品出口的实际成本。

【任务 2】核算国内费用

外贸业务员小莉核算该产品出口涉及的国内费用项目及金额。

【任务 3】核算国外费用

外贸业务员小莉核算该产品出口涉及的国外费用项目及金额。

【任务 4】核算出口利润

福州程欣进出口公司对该产品出口的预期利润率为 10%，外贸业务员小莉按 10%的利润率核算该产品出口的利润。

【任务 5】进行出口报价核算

根据以上成本费用及利润的核算结果分别进行 FOB、CFR 和 CIF 报价核算。

2. **过程解析**

【任务 1】核算出口成本

外贸业务员小莉经了解该水产品每公吨的进货价格为 5 600 元人民币（含增值税 17%），该供应商能够开立增值税专用发票。该冷冻水产品增值税 17%，出口退税率为 3%。

实际购货成本＝采购成本－出口退税额

＝5 600－5 600÷（1＋17%）×3%

＝5 456.410 3 元/公吨

小莉核算出该水产品的实际成本为人民币 5 456.410 3 元/公吨。

【任务 2】核算国内费用

外贸业务员小莉经了解预计该水产品出口包装费为每公吨 500 元，该批货物国内运杂费 1 200 元，出口商检费 300 元，报关费 100 元，港区港杂费 950 元，其他各种费用合计 1 500 元。福州程欣进出口公司向银行贷款的年利率为 8%，预计垫款时间 2 个月，银行手续费率为 0.5%。

国内费用＝500＋（1 200＋300＋100＋950＋1 500）÷17＋5 600×8%×（2÷12）＋报价× 0.5%＝812.902＋报价× 0.5%（元/公吨）

小莉核算出该水产品出口的国内费用为人民币 812.902＋报价× 0.5%（元/公吨）。

【任务 3】核算国外费用

外贸业务员小莉经了解预计该 17 公吨水产品可装在一个 20 英尺的集装箱内，通过查询运价表，得知从装运港青岛至日本神户一个 20 英尺冷冻集装箱的包箱费是 2 200 美元。向保险公司咨询得知一切险的保险费率为 0.85%。

国外运费＝2 200÷17＝129.411 8 美元

国外保费＝CIF 价×110%×0.85%

客户佣金＝报价×3%

小莉核算出该水产品出口的国外运费为 129.411 8 美元/公吨，国外保险费为 CIF 价×110%×0.85%，客户佣金为报价×3%。

【任务 4】核算出口利润

利润＝报价×10%

小莉核算出该水产品的出口利润为报价×10%。

【任务 5】进行出口报价核算

外贸业务员小莉根据以上核算结果，结合当前中国银行外汇牌价 1 美元约折合人民币 6.82 元，进行如下报价核算：

（1）FOB 报价。

FOBC3 ＝实际购货成本＋国内费用＋佣金＋预期利润

＝5 456.410 3＋812.902＋报价× 0.5%＋ 报价×3%＋报价×10%

FOBC3 ＝（5 456.410 3＋812.902）÷（1－0.5%－3%－10%）

$=6\ 269.312\ 3 \div 0.865$

$\approx 7247.759\ 9$ 元/公吨

≈ 1062.72 美元/公吨

（2）CFR 报价。

CFRC3＝实际购货成本＋ 国内费用＋出口运费＋佣金＋预期利润

＝（5 456.410 3＋812.902）÷6.82＋报价×0.5%＋

129.411 8＋报价×3%＋报价×10%

CFRC3＝（919.254 0＋ 129.411 8）÷（1－0.5%－3%－10%）

≈1212.33 美元/公吨

（3）CIF 报价。

CIFC3＝实际购货成本＋国内费用＋出口运费＋出口保险费＋佣金＋预期利润

＝（5 456.410 3＋812.902）÷6.82＋报价×0.5%＋ 129.411 8＋

报价×110%×0.85%＋报价×3%＋报价×10%

CIFC3＝（919.254 0＋ 129.411 8）÷（1－0.5%－110%×0.85%－3%－10%）

＝1 048.665 8÷0.855 65

≈1 225.58 美元/公吨

经过核算，小莉对日本客户做出如下报价：

US＄1070.73 PER METRIC TON FOBC3 QINGDAO

US＄1220.33 PER METRIC TON CFRC3 KOBE

US＄1235.58 PER METRIC TON CIFC3 KOBE

说明：外贸业务员小莉给日本客户的价格比核算的价格稍有提高，目的是留给日本客户还价的空间。

工作任务五

商务谈判

一、实训目标

➢通过实训，使学生能够妥善处理客户来函，掌握商务谈判的技巧，制订谈判方案。

二、业务背景

2010年10月31日，李东根据JBS TRADING B. V. 公司经理William Smith的询盘，核算出口报价为Twin Bear Article No. KB0368：USD9. 57/set CIF Rotterdam，并拟写发盘函，清楚列明各项主要交易条件，同时向JBS寄送样品。发盘函如下：

福建盛宇进出口有限公司
Fujian Shengyu Import & Export Co., Ltd.

31-Oct-2010
Mr. William Smith
JBS TRADING B. V.
Heiman Dullaertolein 4, 3068CA Rotterdam, The Netherlands

Dear Mr. Smith
We are pleased to receive your enquiry of Oct 28 and the sample you asked for will be sent to you by separate post.
We think you have made an excellent choice in selecting the items, and once you have seen the sample we are sure you will be impressed by the quality of inner and outer fabric.
As requested, we would like to quote our favorable prices as follows:

Art. No.	Commodity Name	Min. Order Quantity	Unit price
KB0368	Twin Bear	2000 sets	CIF Rotterdam USD 9. 57/set

Packing: 2 pcs/set, 4 sets/ctn, 2000 sets/40′FCL
Payment: By sight L/C.
Shipment: to be effected within 30 days after receipt of the relevant L/C.
Insurance: for 110% of invoice value covering ALL Risks and War Risks.

This offer is valid subject to your reply here before Nov. 5，2010.
We believe you will find a ready sale for our product in Netherlands as have other retailers through Europe and America，and we do hope we can reach an agreement on the term quoted.
Thank you for your interest；we look forward to hearing from you soon.

Yours sincerely，
Fujian Shengyu Import & Export Co.，Ltd.
李东
Dong Li

2010 年 11 月 2 日，盛宇公司收到 JBS 公司的还盘函如下：

JBS PRODUCTS

JBS TRADING B. V.
Heiman Dullaertolein 4，3068CA Rotterdam，The Netherlands
P. O. Box 1788
TEL：+31-10-4767518　FAX：+31-10-4767522　E-MAIL：william@jbs. com

TO：FUJIAN SHENGYU IMPORT AND EXPORT CO.，LTD.
ATTN：DONG LI
DATE：NOV. 2，2010

Dear Mr. Li，

We are glad to receive your offer of Oct. 31 and relative samples.
In reply，we regret to say that your price is not competitive enough. Information here indicates that plush toys from other suppliers sold about 3% lower than yours.
We really appreciate the good workmanship and lovely designs of your products，but are also aware that the price level counts much，especially in the initial sales stage.
We will purchase 2000 pieces of Twin Bear Article No. KB0368，and send you the order in detail if you can accept the following before Nov. 10，2010：
① Unit price：USD9. 30/set CIF Rotterdam
② Payment：By T/T within 30 days after the arrival of the goods
The other terms of offer on Oct. 31，2010 remain valid.

Yours sincerely,
JBS TRADING B. V.
William Smith
Manager

报价之后，马上就要进入与客户的谈判阶段，没有什么谈判实战经验的李东为此请教了本部门具有12年业务工作经验的同事。这位同事告诉李东，国际商务谈判的谈判者代表了不同国家和地区的利益，有着不同的社会文化和经济政治背景，人们的价值观、思维方式、行为方式、语言及风俗习惯各不相同，所以国际商务谈判是国际商务交往当中最为艰巨和困难的一环。要想在国际商务谈判中掌握主动，就必须做好谈判的准备工作，并掌握一些国际商务谈判的技巧。

在同事的指导下，李东也着手准备自己的谈判方案，决定以价格作为主要的谈判对象。对于价格谈判中所要注意的几个原则问题，李东也做好了准备。

三、实训任务

请你以业务员李东的身份，结合以上信息，拟定谈判策划书。

四、操作案例参考

在此以环球贸易有限公司拟定的与One Piece公司的商务谈判策划书为例，展示商务谈判的程序和策略设计等，供参考。

1. 谈判主题

香水瓶供应及专柜布置（One Piece公司就提供主题香水活动合同与我方公司进行商务谈判）。

2. 谈判双方公司背景

我方（甲方）背景资料：

（1）环球贸易有限公司成立于2005年。

（2）坚持诚信是金，服务用心，承诺以顾客为关注焦点，努力超越顾客期望。

（3）坐落于繁华商业中心的环球贸易有限公司，在产品上，以提供时尚彩妆、护肤产品、饮料食品等为目标范围；在服务上，以提供出口产品售后为服务范围。在美国总部领导和支持下，产品行销东南亚、欧美等22个国家和地区。环球贸易有限公司以高度的责任感、共赢的理念、荣誉共享的思路为长期发展的目标。

地址：××××××××××

电话：××××××××××

传真：××××××××××

邮箱：××××××××××

对方（乙方）背景资料：

（1）One Piece有限公司于2008年成立经营旗下自有品牌“One Piece动漫”，是集动漫形象原创、版权运营、动漫广告策划、衍生品研发推广和销售等于一体的动漫属性运营企业。

（2）携数百项自有知识产权动漫精品和国内外数十个知名动漫品牌启动国内市场，与国际知名设计企业保持友好的合作共享关系，凭借企业4年的市场积淀，打造出稳定的供应商合作体系。

（3）组建了One Piece品牌自己的生产工厂，从产品的设计、开模、出样到工厂批量生产，具有一整套严格规范的操作流程。产品多达60个品系，近万种产品，其中除满足内销外，部分已销往国外10多个国家和地区。

地址：××××××××××

电话：××××××××××

传真：××××××××××

邮箱：××××××××××

3. 谈判团队人员组成

主谈：×××，公司谈判全权代表。

副谈：×××，负责重大问题决策。

业务员：×××，负责业务问题。

法律顾问：×××，负责相关法律、规章制度问题。

助理：×××，负责谈判记录等工作。

4. 辩题理解

（1）我方核心利益。

1）双方尽快达成合作关系，避免拉锯战。

2）要求对方用尽量低的价格供应我方产品及服务。

3）在保证质量问题的基础上，尽量减少成本。

4）双方建立并维护长期合作关系。

我方的SWOT分析	
SO分析	1. 多方的香水瓶供应公司可供我方选择，选择及回旋的余地大、主动性较好 2. 全国有名进出口贸易公司排名第3名，守合同重信用企业，信誉好、实力强，公司产品对消费者具有很大吸引力，消费者需求市场大
WT分析	1. 急需这批香水瓶，迫切与对方合作，否则将对公司造成巨大损失 2. 购买的批量较小

（2）对方核心利益。

1）获取尽可能高的利润。

2）按质按量为其提供产品宣传和促销空间。

3）能建立和维持长期合作关系。

对方的 SWOT 分析	
SO 分析	1. 资金雄厚，可以适当抬高价格，谋取最大利润 2. 比买方更加熟悉香水市场的价格变动情况
WT 分析	1. 属于供应方，如果完不成谈判，可能损失以后合作的机会 2. 竞争对手较多 3. 在美国市场认知度较低

5. 谈判目标

（1）最理想目标。尽快达成合作共识，进一步商榷在合作中的相关具体事项，能建立并维护长期的合作关系。这一战略目标的意图有：其一，价格方面是考虑的重点之一，要有合理的价格；其二，付款方式要采用 L/C（信用证），或者 T/T（电汇）；其三，考虑到这批产品体积比较小，价值较高，而且量不会很多，所以采取空运，以确保产品可以准确到达我方；其四，能让合作方满意，要达到双赢的局面，而不是单方面的赢利。

（2）可接受目标。

1）最优合作目标。

• 先参考对方的报价，再进行核算，考虑一下合理的价格是多少。争取以较低的价格成交，在确保 14.5 美元/支的基础上能低则低，但不能丢掉合同。

• 付款方式是可协商的，只要是方便、快捷、安全的就可以了（最优 T/T）。

• 运输方式采用空运，空运的时效性较强，能满足产品的上市需求，否则的话会误了上市时机。

• 如有质量问题作出相应赔偿。

• 能达到双赢的局面。这个局面是双方争取的，所以要两方的合作，才能达到这个共同的目标，以便双方的下次合作。

2）合作底线。

• 价格方面，不能超过我方的最高预期额，香水单价在 9.5～14.5 美元之间。

• 付款方式是可协商的，考虑的是方便、快捷、安全（最低要求是 L/C）。

• 运输方式一定要采用空运。

• 如有质量问题作出相应赔偿。

6. 谈判程序及具体策略

（1）准备阶段。商务礼仪，谈判现场模拟，收集和分析信息，拟订详细计划，确定谈判最佳人选，选择有利谈判场地，谈判现场环境布置。

（2）开局阶段策略与分析。双方身着西装步入谈判席，对方谈判团队依次向我方谈判团队友好握手；双方依次入座；我方秘书先起身向对方致欢迎词及进行自我介绍；对方秘书起身介绍对方谈判团队；然后开局。

1）开局阶段设计。

方案一：感情交流式开局策略。通过谈及双方发展现状及前景形成感情上的共鸣，把对方引入较融洽的谈判气氛中，这也是针对第一次进行商务谈判所采取的较好开局方式。

方案二：先声夺人。因为双方是第一次合作，对对方的了解不是很深入，故由我方首先发言，表明我方的众多优势，渲染自己的实力，或是从侧面指出对方此行的必要性和对该活动的参与不可或缺的重要性。利于削弱对方的谈判地位，把握谈判的主动权。

2）针对对方一开始就以听而不闻相对应，更有以我公司目前发展并不是很强为理由拒绝合作的对策。大力宣传我方的优厚条件和众多预备合作伙伴。以参加今年世界500强企业大会的活动表明我公司的大好发展前途和光明的合作前景。

（3）谈判中期策略及分析。

1）数字陷阱。因为本次谈判涉及的是我方以长远市场换取对方的短期投资，那么在金额方面不仅要考虑此次活动，还要考虑我方可能长远失去的利益。然而又不能明确提出，那么就只有在活动相关经费上“掺水分”，以加大总成本，并提供证明和依据。

2）投石问路。因为本次是双方的第一次合作，对双方合作的条件不能作深入了解，所以就先提出一组交易假设条件，向对方进行询问，最后在讨价还价中确定。本策略需要注意虚实结合，让对方难以琢磨你的意图。

3）抬价压价战术。探明对方报价的依据压价可以说是对抬价的破解。如果是买方先报价格，可以低于预期进行报价，留有讨价还价的余地；如果是卖方先报价，买方压价，则可以采取多种方式。

4）突出优势。通过己方掌握的有利资料，突出己方的优势所在，强调我方能为对方带来最大的利益。暗示对方若与我方达不成协议将会对其带来巨大损失。

5）把握让步原则。明确我方的核心利益所在，实行以退为进的策略，实行迂回战术。

• 让步的步骤：让步项目分析、让步程度的把握、列出磋商事宜的清单、制订让步方案。

• 让步的原则：绝不做无谓的让步；让步要让在刀刃上；先让步次要的，再让步较重要的；不要承诺做同等幅度的让步；让步时要三思而行；感觉吃亏就推翻重来；己方让步对方必须珍惜；一次让步的幅度不要过大，节奏不宜太快；坚持让步的同步性；尽量做一些毫无损失甚至是有益的让步。

• 理想让步方式的选择迫使对方让步，阻止对方进攻。

6）打破僵局。合理利用暂停，分析僵局形成原因，最后可以通过了解对方产品及市场的方式来打破僵局缓和气氛。

（4）休局阶段。可根据实际情况对已有方案进行进一步的修正和调整。

（5）冲刺阶段。

1）把握底线。适时运用折中调和策略，把握最后让步的幅度，在适宜的时机提出最终要价，使用最后通牒策略。

2）埋下契机。在谈判中形成一体化谈判，以期建立长期合作关系。

3）达成协议。明确最终谈判结果，出示会议记录和合同范本，请对方确认，并确定正式签订合同时间。

7. 准备谈判资料

（1）相关法律资料。包括《经济合同法》《国际合同法》《国际货物买卖合同公约》。

（2）香水有关资料。

(3) 合同范本、背景资料、对方信息资料、技术资料、财务资料等。

8. 制订应急预案

双方是第一次进行商务谈判，彼此不太了解，为了使谈判顺利进行，有必要制订应急预案。

(1) 对方摆出一副居高临下、不重视合作的姿态。

应对方案：首先我方应表示出足够的合作诚意，并将此次合作给对方带去的利益一一说明，动之以情，晓之以利。

(2) 对方使用“权力有限”策略，声称金额等受限制，拒绝我方提议。

应对方案：了解对方权限情况，先唱“白脸”，向对方说明我方经费详情，比如少了会有相应的实施困难，达不到预想的宣传效果等，适当制造僵局；然后唱“红脸”，运用掌握的以前对方类似合作提供的经费情况，揭露对方的权限策略。利用迂回补偿的技巧来突破僵局或采用声东击西的技巧。

(3) 对方使用借题发挥策略，对我方某重要问题抓住不放。

应对方案：可转移话题避免不必要的解释，必要时可点破对方的策略实质，声明对方的策略影响谈判进程。

(4) 谈判双方在谈判时为了各自的利益，排斥对方的立场以及观点造成的僵持局面。

应对方案：双方应该摆正自己的立场，必要的地方不能妥协，应采用积极的态度回应对方提出的不利要求。双方协商，达成共识。

(5) 对方说明比我方有更强的竞争合作方，在价格和质量方面更有优势。

应对方案：谈判前要充分了解竞争对手的优势与劣势，并与我方的现行策略比较，制订出能制约对方优势的方案。充分发挥我方谈判人员的力量，利用商务谈判的技巧策略，如攻心术、磨时间、车轮战、稻草人、声东击西等方法。

(6) 对方不同意以现在我方的报价合作，要求降低价格。

应对方案：列举我方与竞争对手产品的优势和劣势，明确谈判对方的意图，知道他们究竟是想要获得什么，然后以此为依据，抓住对方的要点，说明我方的产品能满足的要求。

工作任务六

签订外销合同

一、实训目标

➢通过实训，使学生能够就合同主要条款进行洽谈，能够拟订相对专业、全面、合理的交易条款，能够签订销售合同。

二、业务背景

进出口业务中，作为一个出口商，在对外报价后自然十分愿意收到肯定的回复。然而，交易中很少碰上不还价的对手，在激烈的市场竞争中，讨价还价常常是交易磋商中的主旋律。李东收到 JBS 公司的还盘后，经过认真的分析和详细的还价核算，同意将价格降到 USD 9.4/套，但由于 JBS 公司是盛宇公司的新客户，考虑到收汇安全问题，仍然坚持采用即期信用证方式收汇。

经过双方多次磋商往来后，达成 9.4 美元/套 CIF 鹿特丹的成交价，并就其他条款达成了协议。2010 年 11 月 15 日，李东收到 JBS TRADING B. V. 公司的订单如下：

JBS PRODUCTS

JBS TRADING B. V.

Heiman Dullaertolein 4 3068CA Rotterdam，The Netherlands

P. O. Box 1788

TEL：+31-10-4767518　FAX：+31-10-4767522　E-MAIL：william@jbs. com

PURCHASE ORDER

NO.：JBS-PO-CSH1096

Date：NOV 15，2010

TO：FUJIAN SHENGYU IMPORT AND EXPORT CO.，LTD.

302 TONGJI ROAD，

XIAMEN，CHINA

Item Description	Quantity	Price
Twin bear KB0368 Details as per the samples dispatched by the seller on Oct. 30，2010	2000 sets	C. I. F. Rotterdam USD 9. 40/set

Total Amount：	USD18 800. 00
Trade Terms：	C. I. F. Rotterdam
Packing：	each 4 sets packing in 1 carton，total：500 cartons assorted in one 40 feet container
Delivery Time：	By the end of Feb. 2011 without partial shipments
Insurance：	Covering for 110% of CIF value against all risks and war (risks)
Payment Terms：	L/C at sight

For and on behalf of
JBS Trading B. V.
Marcelo Lacona
General Manager

当谈判双方就交易的主要条款达成一致意见后，就进入合同签约阶段，自然，就提出了由谁起草合同文本的问题。一般来讲，文本由谁起草，谁就掌握主动权。因为口头上商议的东西要形成文字，还有一个过程，有时，仅仅是一字之差，意思则会有很大区别。起草一方的主动性在于可以根据双方协商的内容，认真考虑写入合同中的每一条款。而对方则毫无思想准备，有些时候，即使认真审议了合同中的各项条款，但由于文化上的差异，对词意的理解也会不同，难以发现于己不利之处。所以，我方在谈判中，应重视合同文本的起草，尽量争取起草合同文本，如果做不到这一点，也要与对方共同起草合同文本。

三、实训任务

请以业务员李东的身份，结合以上业务背景，完成签订外销合同的任务。合同样本如下：

SALES CONTRACT

NO. 10SY－PT368　　　　DATE：NOV. 16，2010

THE SELLER：

THE BUYER：

This Contract is made by and between the Buyer and Seller，whereby the Buyer agrees to buy and the Seller agrees to sell the under-mentioned commodity according to the terms and conditions stipulated below：

Commodity & specification	Quantity	Unit price	Amount
Total			
TATOL CONTRACT VALUE：			

PACKING：

MARKS：

TIME OF SHIPMENT：

PORT OF LOADING AND DESTINATION：

INSURANCE：

TIMES OF PAYMENT：

DOCUMENTS：

INSPECTION：

The certificate of quality issued by the China Entry-Exit Inspection and Quarantine Bureau shall be taken as the basis of delivery.

CLAIMS：

In case discrepancy on the quality or quantity of the goods is found by the Buyer，after arrival of the goods at the port of destination，the Buyer may，within 30 days after arrival of the goods at the port of destination，lodge with the Seller a claim which should be supported by an Inspection Certificate issued by a public surveyor approved by the Seller. The Seller shall，on the merits of the claim，either make good the loss sustained by the Buyer or reject their claim，it being agreed that the Seller shall not be held responsible for any loss or losses due to natural cause failing within the responsibility of Ship-owners or the Underwriters. The Seller shall reply to the Buyer within 30 days after receipt of the claim.

LATE DELIVERY AND PENALTY：

In case of late delivery，the Buyer shall have the right to cancel this contract，reject the goods and lodge a claim against the Seller. Except for Force Majeure，if late delivery occurs，the Seller must pay a penalty，and the Buyer shall have the right to lodge a claim against the Seller. The rate of penalty is charged at 0.1% for every day. The total penalty amount will not exceed 5% of the shipment value. The penalty shall be deducted by the paying bank or the Buyer from the payment.

FORCE MAJEURE：

The Seller shall not held responsible if they，owing to Force Majeure causes or causes，fail to make delivery within the time stipulated in the Contract or cannot deliver the goods. However，in such a case，the Seller shall inform the buyer immediately by cable and if it is requested by the Buyer，the Seller shall also deliver to Buyer by registered letter，a certificate attesting the existence of such a cause or causes.

ARBITRATION：

All disputes in connection with this contract or the execution thereof shall be settled amicably by negotiation. In case no settlement can be reached，the case shall then be submitted to the China International Economic and Trade Arbitration Commission for settlement by arbitration in accordance with the Commission's arbitration rules. The award rendered by the commission shall be final and binding on both parties. The fees for arbitration shall be borne by the losing party unless otherwise awarded.

This contract is made in two original copies and becomes valid after signature，one copy to be held by each party.

THE SELLER： THE BUYER：

四、操作案例参考

在此以中拓有限公司与维克斯有限公司就玉米罐头贸易的销售合同为例，展示外销合同的主要内容，供参考。

SALES CONTRACT

No.：171903 Date：Nov 1，2010

Sellers：WEIKESY IMP&EXP CO LTD，

No. 199 Yuanwang Street Xianjing area Fuzhou China

TEL：0591-58936677 FAX：0591-58976677

Buyers：ZHONGTUO CO. LTD，

No. 116 Independent Road Havana plug ROM area Cuba

TEL：0-01×××××× FAX：133×××××

E-MAIL：xxxx@163. com

This Contract is made by and between the Buyers and the Sellers，whereby the Buyers agree to buy and the Sellers agree to sell the under-mentioned commodity according to the terms and conditions stipulated below：

Commodity：CORN CANNED

Quantity：5000 canned

Unit Price：At USD 2. 5 per canned/each CFR SANTIAGO

Total Value：USD 12500（Say USD Twelve Thousand And Five Hundred Only)

Packing：20 canned in one carton Total：250CTNS

Size：60 cm×46 cm×44 cm GW：3500KGS NW：3000KGS

Shipping Mark：At sellers' option

Insurance：To be covered by the Buyer

Time of Shipment：Before December 1，2010. partial shipments and transshipment not allowed.

Port of Shipment：FUZHOU

Port of Destination：SANTIAGO

Terms of Payment：By irrevocable L/C at sight to reach the Sellers a month before the time of shipment and remain valid for negotiation in China until the 15th day after the final date of shipment.

DOCUMENTS：

+ Signed Commercial Invoice in 3 copies.
+ Packing list in 3 copies.
+ Original Certificate of Origin in 2 copies.
+ Full set of clean on board ocean Bill of Loading marked "freight prepaid" made out to order blank endorsed notifying the buyer.
+ Seller's Certified Copy of Fax dispatched to the Buyer within two days after shipment advising B/L No.，Name，Quantity and Amount of goods，Name of Vessel and Voyage No. and Date of Shipment.

Claims：

The buyer shall make a claim against the Seller (including replacement of the goods) by the further inspection certificate and all the expenses incurred therefrom shall be borne by the Seller. The claims mentioned above shall be regarded as being accepted if the Seller fail to reply within 30 days after the Seller received the Buyer's claim.

Force Majeure:

The Seller shall not be responsible for the delay of shipment or non-delivery of the goods due to Force Majeure, which might occur during the process of manufacturing or in the course of loading or transit. The Seller shall advise the Buyer immediately of the occurrence mentioned above and within 15 days thereafter the Seller shall send a notice by courier to the Buyer for their acceptance of a certificate of the accident issued by the local chamber of commerce under whose jurisdiction the accident occurs as evidence thereof. Under such circumstances the Seller, however, are still under the obligation to take all necessary measures to hasten the delivery of the goods.

Arbitration:

Any dispute arising from or in connection with the Contract shall be settled through friendly negotiation. In case no settlement is reached, the dispute shall be submitted to China International Economic and Trade Arbitration Commission (CIETAC), Shenzhen Commission for arbitration in accordance with its rules in effect at the time of applying for arbitration. The arbitral award is final and binding upon both parties.

The Seller: The Buyer:

工作任务七

出口信用证管理

一、实训目标

➢通过实训，使学生能够根据合同条款对信用证进行审核与修改，掌握信用证管理工作。

二、业务背景

2010 年 12 月 5 日，李东收到了厦门市商业银行国际业务部的信用证通知函，告知 JBS 公司已经通过 F. Van Lanschot Bankiers N. V. 银行开来信用证。信用证通知书和信用证内容如下。

1. 信用证通知书

厦门市商业银行
XIAMEN CITY COMMERCIAL BANK

信用证通知书
Notification of Documentary Credit

OFFICE：INT'L BUSINESS DEPT.
ADDRESS：432 TONGJIN ROAD，XIAMEN 310006，CHINA
DATE：2010-12-05

To：致 FUJIAN SHENGYU IMPORT AND EXPORT CO.，LTD.	Our Ref No. 我行编号： AD2006869105555
	Amount 金额 USD 18，800.00
Issuing Bank 开证行 F. VAN LANSCHOT BANKIERS N. V. ROTTERDAM，NETHERLANDS	Transmitted to us through 传递行 Transferred from 转让行
L/C No. 信用证号 KKK061888	Issuing Date 开证日期 2010-12-05

Dear Sirs，敬启者：

We have pleasure in advising you that we have received from A/M a Letter of credit，contents of which are as per attached sheet（s）.

This advise and the attached sheet（s）must accompany the relative documents when presented.

兹通知贵公司，我行收自上述银行

信用证一份，现随附通知。贵公司交单时，请将本通知书及信用证一并提示。

（√）issuing by telex/SWIFT　电传/SWIFT 开立

（　）uneffective　未生效

（　）issuing by mail　信开

（　）pre—advising of　预先通知

（　）mail confirmation of　证实书

（√）original　正本

（　）duplicate　副本

（√）Please note that this advice does not constitute our confirmation of the above L/C nor does it convey any engagement or obligation on our part.

本通知并不构成我行对该信用证之保兑及其他任何责任。

（　）Please note that we have added our confirmation to the above L/C，which is available with ourselves only.

上述信用证已由我行加具保兑，并限向我行交单。

Remarks 备注：

This L/C consists of three sheet（s），including the covering letter and attachment(s)

该信用证连同本面函及附件共 3 页。

如该信用证中有无法办到的条款及/或错误，请径与开证申请人联系进行必要的修改，以排除交单时可能发生的问题。

本通知费　CNY 200

Yours faithfully，

XIAMEN CITY COMMERCIAL BANK

厦门市商业银行

AUTHORIZED SIGNATURE（S）

2. 信用证

MT 700	ISSUE OF A DOCUMENTARY CREDIT
SENDER	F. VAN LANSCHOT BANKIERS N. V. ROTTERDAM, NETHERLANDS
RECEIVER	XIAMEN CITY COMMERCIAL BANK, XIAMEN, CHINA
SEQUENCE OF TOTAL	27：1/1
FORM OF DOC. CREDIT	40A：IRREVOCABLE
DOC. CREDIT NUMBER	20：KKK061888
DATE OF ISSUE	31C：101205
APPLICABLE RULES	40E：UCP LATEST VERSION
DATE AND PLACE OF EXPIRY	31D：DATE 110305 PLACE IN NETHERLANDS
APPLICANT	50：JBS TRADING B. V. HEIMAN DULLAERTOLEIN 4，3068CA，ROTTERDAM，NETHERLANDS
BENEFICIARY	59：FUJIAN SHENGYU IMPORT AND EXPORT CO.，LTD. 302 TONGJIN RODE，XIAMEN，CHINA
AMOUNT	32B：CURRENCY USD AMOUNT 18800.00
AVAILABLE WITH/BY	41D：ANY BANK IN CHINA，BY NEGOTIATION
DRAFTS AT ...	42C：60 DAYS AFTER SIGHT
DRAWEE	42A：F. VAN LANSCHOT BANKIERS N. V. ROTTERDAM，NETHERLANDS
PARTIAL SHIPMTS	43P：ALLOWED
TRANSSHIPMENT	43T：ALLOWED
PORT OF LOADING/ AIRPORT OF DEPARTURE	44E：CHIENESE MAIN PORT
PORT OF DISCHARGE	44F：ROTTERDAM，NETHERLANDS
LATEST DATE OF SHIPMENT	44C：110228

DESCRIPTION OF GOODS AND/OR SERVICES	45A：2000 SETS TWIN BEAR STYLE NO. KB0368, ORDER NO. JBS-PO-CSH1096 AS PER S/C NO. 10SY-PT308 AT USD9.40/SET CFR ROTTERDAM, PACKED IN 4SETS/CTN, TOTAL：500 CARTONS, SHIPPING MARKS： JBS 10SY-PT368 ROTTERDAM CARTON NO. 1-500
DOCUMENTS REQUIRED	46A：+COMMERCIAL INVOICE SIGNED IN INK IN TRIPLICATE. +PACKING LIST IN TRIPLICATE. +FULL SET (3/3) OF CLEAN ON BOARD OCEAN BILLS OF LADING MADE OUT TO APPLICANT MARKED FREIGHT PREPAID AND NOTIFY APPLICANT. +FULL SET OF MARINE INSURANCE POLICY, ENDORSED IN BLANK FOR 120 PERCENT OF FULL INVOICE VALUE, COVERING ALL RISKS AS PER CIC OF PICC DATE 1/1/1981. +CERTIFICATE OF QUALITY IN ONE COPY. +G. S. P. CERTIFICATE OF ORIGIN FORM A IN DUPLICATE STATING THAT THE GOODS ARE OF CHINESE ORIGIN. +SHIPPING ADVICE SHOWING THE NAME OF THE CARRYING VESSEL, DATE OF SHIPMENT, MARKS, QUANTITY, NET WEIGHT AND GROSS WEIGHT OF THE SHIPMENT TO APPLICANT WITHIN 3 DAYS AFTER THE DATE OF BILL OF LADING.
ADDITIONAL CONDITION	47A：+DOCUMENTS DATED PRIOR TO THE DATE OF THIS CREDIT ARE NOT ACCEPTABLE. + THE NUMBER AND THE DATE OF THIS CREDIT AND THE NAME OF ISSUING BANK MUST BE QUOTED ON ALL DOCUMENTS.

	+ TRANSSHIPMENT ALLOWED AT HONGKONG ONLY. + SHORT FORM/CHARTER PARTY/THIRD PARTY BILL OF LADING ARE NOT ACCEPTABLE. + SHIPMENT MUST BE EFFECTED BY 1 × 40′ FULL CONTAINER LOAD. B/L TO SHOW EVIDENCE OF THIS EFFECT IS REQUIRED. + ALL PRESENTATIONS CONTAINING DISCREPANCIES WILL ATTRACT A DISCREPANCY FEE OF GBP40.00 PLUS TELEX COSTS OR OTHER CURRENCY EQUIVALENT. THIS CHARGE WILL BE DEDUCTED FROM THE BILL AMOUNT WHETHER OR NOT WE ELECT TO CONSULT THE APPLICANT FOR A WAIVER
CHARGES	71B：ALL BANKING CHARGES INCLUDING OPENING FEE ARE FOR ACCOUNT OF BENEFICIARY.
PERIOD FOR PRESENTATION	48：WITHIN 5 DAYS AFTER THE DATE OF SHIPMENT，BUT WITHIN THE VALIDITY OF THIS CREDIT.
CONFIRMATI ON INSTRUCTION	49：WITHOUT
INFORMATION TO PRESENTING BANK	78：ALL DOCUMENTS ARE TO BE REMITTED IN ONE LOT BY COURIER TO F. VAN LANSCHOT BANKIERS N. V. ROTTERDAM, NETHERLANDS

许多不符点单据的产生以及提交后被银行退回，大多是对收到的信用证事先检查不够仔细造成的，往往使一些本来可以纠正的错误由于审核不及时没能加以及时修改。因此，一般应在收到信用证的当天对照有关的合同认真地按下列各条件仔细检查，这样可以及早发现错误，从而采取相应的补救措施。

通过对信用证的全面审核，如发现问题应分情况及时处理。对于影响安全收汇、难以接受或做到的信用证条款，必须要求国外客人进行修改。

三、实训任务

请你以李东的身份，结合以上业务背景完成以下工作任务：

1. 审核开证银行开出的信用证；

2. 向进口商提出改证要求。

四、操作案例参考

在此以国泰纺织品进出口公司审核修改信用证的过程为例，展示信用证审核及修改要点，供参考。

1. 合同部分内容

国泰纺织品进出口公司

GUO TAI TEXTILES I/E CORP.

20 RANJIANG ROAD, NANJING, JIANGSU, CHINA

SALES CONFIRMATION

THE SELLER: NO. CNT0219

GUO TAI TEXTILES IMP. & EXP. CO., LTD. DATE: MAY 10, 2009

20 RANJIANG ROAD, SIGNED AT: NANJING, CHINA

NANJING, JIANGSU, CHINA

THE BUYER:

TAI HING LOONG SDN, BHD., P. O. B. 666, SINGAPORE

7/F, SAILING BUILDING, NO. 50 AIDY STREET, SINGAPORE

This Sales Contract is made by and between the Sellers and the Buyers, whereby the sellers agree to sell and the buyers agree to buy the under-mentioned goods according to the terms and conditions stipulated below:

Commodity & Specification	Quantity	Unit price	Amount
100% COTTON GREY LAWN	300, 000 YARDS	CIF SINGAPORE USD 3.00 PER YARD	USD900, 000.00
Total amount:	SAY U. S. DOLLARS NINE HUNDRED THOUSAND ONLY		

Time of Shipment: DURING JUNE/JULY, 2009 IN TRANSIT TO SINGAPORE

Terms of Payment: IRREVOCABLE SIGHT L/C

Insurance: TO BE EFFECTED BY SELLERS COVERING W. P. A AND WAR RISK FOR 10% OVER THE INVOICE VALUE

2. 买方开来的信用证

FROM BANGKOK BANK LTD., SINGAPORE BRANCH

DOCUMENTARY CREDIT NO.: 09/12345, DATE: JUNE 12, 2009

ADVISING BANK: BANK OF CHINA, JIANGSU BRANCH

APPLICANT: TAI HING LONG SDN, BHD., P. O. B. 666, SINGAPORE

BENEFICIARY: GU TAI TEXTILES I/E CORP.

AMOUNT: USD 90, 000.00 (UNITED STATES DOLLARS TWO HUNDRED THREE THOUSAND ONLY)

EXPIRY DATE：JUN 15，2009 IN CHINA FOR NEGOTIATION

DEAR SIRS，

WE HEREBY ISSUE THIS DOCUMENTARY CREDIT IN YOUR FAVOR，WHICH IS AVAILABLE BY NEGOTIATION OF YOUR DRAFT（S）IN DUPLICATE AT SIGHT DRAWN ON US BEARING THE CLAUSE：“DRAWN UNDER L/C NO. 09/12345 OF BANGKOK BANK LTD.，SINGAPORE BRANCH DATED JUNE 12，2009” ACCOMPANIED BY THE FOLLOWING DOCUMENTS：

＋SIGNED INVOICE IN QUADRUPLICATE BY APPLICANT.

＋FULL SET OF CLEAN ON BOARD OCEAN BILLS OF LADING MADE OUT TO ORDER，ENDORSED IN BLANK，MARKED “FREIGHT COLLECT” AND NOTIFY APPLICANT.

＋ MARINE INSURANCE POLICY OR CERTIFICATE FOR FULL INVOICE VALUE PLUS 50% WITH CLAIMS PAYABLE IN NANJING IN THE SAME CURRENCY AS THE DRAFT COVERING ALL RISKS AND WAR RISK FROM WAREHOUSE TO WAREHOUSE UP TO SINGAPORE INCLUDING S. R. C. C CLAUSE AS PER PICC 1/1/1981.

＋PACKING LIST IN QUADRUPLICATE.

＋CERTIFICATE OF ORIGIN ISSUED BY OFFICIAL AUTHORITIES

COVERING：

ABOUT 300，000 YARDS OF 65% POLYESTER，35% COTTON GREY LAWN AS PER SALES CONFIRMATION NO. CNT0219 DATED MAY 10，2009 TO BE DELIVERED ON TWO EQUAL SHIPMENTS DURING MAY/ JUNE.

ALL BANKING CHARGES OUTSIDE SINGAPORE ARE FOR THE ACCOUNT OF BENEFICIARY. SHIPMENT FROM CHINA TO SINGAPORE LATEST JULY 31，2009. PARTIAL SHIPMENTS ARE ALLOWED. TRANSSHIPMENT PROHIBITED.

BANGKOK BANK LTD.，SINGAPORE（SIGNED）

3. 修改意见

（1）“APPLICANT：TAI HING LONG SDN，BHD.，P. O. B. 666 SINGAPORE”应改为“APPLICANT：TAI HING LOONG SDN，BHD.，P. O. B. 666 SINGAPORE”。

（2）“BENEFICIARY：GU TAI TEXTILES I/E CORP.”应改为“BENEFICIARY：GUO TAI TEXTILES I/E CORP.”。

（3）“AMOUNT：USD 90，000.00”应改为“USD 900，000.00”。

（4）“UNITED STATES DOLLARS TWO HUNDRED THREE THOUSAND ONLY”应改为“UNITED STATES DOLLARS NINE HUNDRED THOUSAND ONLY”。

（5）“EXPIRY DATE：JUN. 15，2009”应改为“JULY 15，2009”或“AUG. 15，2009”。

（6）“FREIGHT COLLECT”应改为“FREIGHT PREPAID”。

（7）“MARINE INSURANCE POLICY OR CERTIFICATE FOR FULL INVOICE VALUE

PLUS 50％”应改为“MARINE INSURANCE POLICY OR CERTIFICATE FOR FULL INVOICE VALUE PLUS 10％”。

（8）“COVERING ALL RISKS AND WAR RISK”应改为“COVERING W. P. A AND WAR RISK”。

（9）“ABOUT 300，000 YARDS OF 65％ POLYESTER，35％ COTTON GREY LAWN”应改为“100％ COTTON GREY LAWN”。

（10）“TWO EQUAL SHIPMENTS DURING MAY/ JUNE.”应改为“TWO EQUAL SHIPMENTS DURING JUNE/JULY”。

工作任务八

出口合同履行

一、实训目标

➤通过实训，使学生能够妥善安排交易商品的运输，能够处理货物出运前的报检、报关和投保等工作，并能够进行交单结汇。

二、业务背景

2010年12月20日，李东接厦门市商业银行通知，收到F. VAN LANSCHOT BANKIERS N. V. 银行开立的信用证修改书，经审核，符合公司的改证要求。

2010年12月25日，李东接供应商——漳州天翔玩具厂通知货物已备妥，盛宇公司向其支付货款，收到增值税发票。

2011年1月3日，李东填制好出口货物订舱委托书，通过福建华信货运代理公司向中远集装箱运输有限公司租订了2011年1月19日从厦门到鹿特丹的一个40′集装箱舱位，完成了出口托运操作。

2011年1月4日，李东填制好出境货物报检单，连同商业发票和装箱单一起向出入境检验检疫局办理出口商品报检手续。

2011年1月6日，李东收到出入境检验检疫局签发的出境货物通关单和品质检验证书。

2011年1月7日，李东填制好投保单，连同商业发票一起向中国人民财产保险股份有限公司厦门分公司办理投保手续。

2011年1月10日，李东收到中国人民财产保险股份有限公司厦门分公司签发的保险单。

2011年1月11日，李东填制好普惠制原产地证明书申请书，向出入境检验检疫局申请办理普惠制原产地证明格式A（GSP FORMA）。

2011年1月13日，李东收到出入境检验检疫局签章的普惠制原产地证明。

2011年1月17日，货物运抵港区。

2011年1月18日，李东填制好出口货物报关单、出口收汇核销单，并随附其他单据向厦门海关申报货物出口。

2011年1月18日，李东收到厦门海关加盖放行章的第五联装货单及第六联场站收据副本大副联、第七联场站收据。当天，李东将以上三联提交给堆场，堆场审核无误后，在第七联上签章并退回。

2011年1月19日，货物顺利装船。

2011年1月20日，李东向JBS公司传真发出装船通知。

2011 年 1 月 20 日，李东凭第七联场站收据向船公司换取正本提单。

2011 年 1 月 21 日，根据信用证及信用证修改书，李东缮制并审核所有结汇单据。

2011 年 1 月 24 日，在完成对全套结汇单据的复核及修改后，李东向厦门市商业银行交单。

三、实训任务

请你以李东的身份结合以上业务背景，完成出口履约操作业务：

1. 根据信用证及信用证修改书，缮制并审核结汇单据；
2. 填写《交单委托书》，向银行交单议付。

<table>
<tr><td colspan="2">ISSUER</td><td colspan="2">商 业 发 票
COMMERCAIL INVOICE</td></tr>
<tr><td colspan="2">TO</td><td>NO.</td><td>DATE.</td></tr>
<tr><td colspan="2" rowspan="2">TRANSPORT DETAILS</td><td>S/C NO.</td><td>L/C NO.</td></tr>
<tr><td colspan="2">TERMS OF PAYMENT</td></tr>
<tr><td>Marks and numbers</td><td colspan="2">Marks and number of packages
Description of goods</td><td>Quantity</td></tr>
<tr><td colspan="4"></td></tr>
</table>

<table>
<tr><td colspan="3">ISSUER</td><td colspan="5">装 箱 单
PACKING LIST</td></tr>
<tr><td colspan="3">TO</td><td colspan="3">NO.</td><td colspan="2">DATE</td></tr>
<tr><td>C/NO.</td><td>DESCRIPTION OF GOODS</td><td>PKG</td><td>QTY</td><td>N. W.</td><td>G. W.</td><td colspan="2">MEAS</td></tr>
<tr><td></td><td></td><td></td><td></td><td></td><td></td><td colspan="2"></td></tr>
</table>

提 单

<table>
<tr><td colspan="2">SHIPPER</td><td rowspan="5">B/L NO.：

中国远洋运输（集团）公司
CHINA OCEAN SHIPPING
（GROUP）CO.
ORIGINAL
Combined Transport B/L</td></tr>
<tr><td colspan="2">CONSIGNEE</td></tr>
<tr><td colspan="2">NOTIFY PARTY</td></tr>
<tr><td>OCEAN VESSEL</td><td>VOYAGE NO.</td></tr>
<tr><td>PORT OF LOADING</td><td>PORT OF DISCHARGE</td></tr>
<tr><td colspan="3">MARKS　NOS & KINDS OF PKGS　DESCRIPTION OF GOODS　GW（kg）　MEAS（m³）</td></tr>
<tr><td colspan="3"></td></tr>
<tr><td colspan="3">TOTAL NUMBER OF PACKAGES（IN WORDS）：</td></tr>
<tr><td>NUMBER OF ORIGINAL B/L</td><td colspan="2">PLACE AND DATE OF ISSUE</td></tr>
<tr><td>ENDORSEMENT：</td><td colspan="2">SIGNED BY：</td></tr>
</table>

中保财产保险有限公司

The People Insurance (Property) Company of China, Ltd

发票号码：　　　　　　　　　　　　　　　　　　　　　　保险单号次：

海洋货物运输保险单

MARINE CARGO TRANSPORTATION INSURANCE POLITY

被保险人：

Insured：

中保财产保险有限公司（以下简称本公司）根据被保险人的要求，及其所缴付约定的保险费，按照本保险单承担险别和背面所载条款与下列特别条款承保下列货物运输保险，特签发本保险单。

This policy of insurance witnesses that the people insurance (property) company of China, Ltd. (hereinafter called "The Company"), at the request of the insured and in consideration of the agreed premium paid by the insured . undertakes to insure the undermentioned goods in transpotation subject to the conditions of the Policy as per the Clauses printy overleaf and other special clauses attached hereon.

保险货物项目 Discription of Goods	包装　单位　数量 Packing　Unit　Quantity	保险金额 Amount Insured

承保险别
Condition：

货物标记
Marks of Goods：

Total Amount insured: ______________________

保费　　　　　　　载运输工具　　　　　　　开航日期

Premium As arranged　Per conveyance S. S ________ Sig. on or abt ________

起运港　　　　　　　　　　目的港

From ______________________　To ______________________

所保货物，如发生本保险单项下可能引起索赔的话，应立即通知本公司下述代理人查勘。如有索赔，应向本公司提交保险单正本（本保险单共有 2 份正本）及有关文件。如一份正本已用于索赔，其余正本则自动失效。

In the event of loss or damage which may result in a claim under this Policy, immediate notice must be given to the company agent as mentioned hereunder. Claims, if any, one of the Original Policy which has been issued in 2 Original(s) together with the relevant documents shall be surrendered to the company. If one of the Original Policy has been accomplished, the others to be void.

中保财产保险有限公司厦门分公司

赔款偿付地点

Claim payable at ____________________

中华人民共和国厦门进出口商品检疫局

XIAMEN IMPORT & EXPORT COMMODITY INSPECTION BUREAU OF THE PEOPLE'S REPUBLIC OF CHINA

地址：厦门市东渡路 65 号　　正本
Add：65，dongdu road，Xiamen　　ORIGINAL
电话：0592-2766×××　　NO.：
Tel：0592-2766×××　　DATE：

质量检验证书

INSPECTION CERTIFICATE OF QUALITY

发货人
Consigner：________________________________

受货人
Consignee：________________________________

品名
Commodity：________________________　　标记及号码
Marks & No.

报检数量/重量
Quantity/Weight
Declare：________________________________

检验结果
RESULTS OF INSPECTION：

检验员：

一般原产地证

<table>
<tr><td colspan="2">Exporter</td><td colspan="3" rowspan="2">Certificate No.

CERTIFICATE OF ORIGIN OF THE
PEOPLE'S REPUBLIC OF CHINA</td></tr>
<tr><td colspan="2">Consignee</td></tr>
<tr><td colspan="2">Means of transport and route</td><td colspan="3" rowspan="2">For certifying authority use only</td></tr>
<tr><td colspan="2">Country/region of destination</td></tr>
<tr><td>Marks and numbers</td><td>Number and kind of Packages; description of goods</td><td>H. S code</td><td>Quantity</td><td>Number and Date of Invoices</td></tr>
<tr><td colspan="2">Declaration by the exporter
The undersigned hereby declares that the above Details and statements are correct: that all the goods were produced in China and that they comply with the rules of origin of the people's republic of China.

Place and date, signature and stamp of certifying authority</td><td colspan="3">Certification
It is hereby certified that the declaration by the exporter is correct.

中国国际贸易促进委员会

Place and date, signature and stamp of certifying authority</td></tr>
</table>

福建盛宇进出口有限公司

Fujian Shengyu Import & Export Co., Ltd.

21-JAN-2011

SHIPPING ADVICE

CREDIT NUMBER: ____________

Mr. William Smith

JBS TRADING B. V.

Heiman Dullaertolein 4, 3068CA, Rotterdam, The Netherlands

Dear Mr. Smith

____

____

____

____

____

____

____

____

____

____

____

____

____

____

李东

Dong Li

汇 票

BILL OF EXCHANGE

No. ____________________ Date and place: ____________________

For: ____________________

At ________ sight of this first of exchange (second of exchange being unpaid)

Pay to the order of ____

The sum of ____

Drawn under ____

L/C No.: ____________________ Dated: ____________________

To: ____________________

出口信用证交单委托书

致：厦门银行＿＿＿＿＿＿＿＿分行

兹随附下列银行正本信用证（修改书）及所属出口单据，请贵行根据国际商会跟单信用证统一惯例（UCP600）予以审核并办理寄单索汇：

开证行：	信用证号： 通知编号：
发票号码：	发票金额：

单据名称	汇票	发票	提单	副本提单	保险单/投保通知	装箱单	重量单	原产地证明	普惠制原产地证明	品质数量证明	受益人证明	船公司证明	装船通知副本	装船通知	寄单证明
份数															

注：框内填写"√"以示选择

付款指示：＿＿＿＿＿＿　　核销单编号：＿＿＿＿＿＿

请将收汇款以【　】原币或者　　【　】人民币划入我司下列账户：

开户行：＿＿＿＿＿＿　账号：＿＿＿＿＿＿

特别指示：

1. 邮寄方式：【　】快邮　　【　】普邮　　【　】指定快邮

2. 本次提交的正本信用证含＿＿＿＿＿＿份正本修改书。

公司联系人姓名：＿＿＿＿＿＿　　　　　　　　　　公司签章

电话：＿＿＿＿＿＿　传真：＿＿＿＿＿＿　　　　＿＿＿＿年＿＿＿月＿＿＿日

以下栏目由我行填写

银行签收人：	签收日期
改单/退单记录：	

注：本委托书一式三份，一份于交单时银行签收后退回公司，一份结汇时作回单退公司，一份交银行留底

四、操作案例参考

在此以中拓公司与维克斯公司就玉米罐头贸易的信用证及相关单据为例，展示填写相关单证的要点，供参考。

1. **信用证**

FM：HABIB BANK LTD.，CUBA

TO：BANK OF CHINA，FUZHOU BRANCH

FORM OF DOC. CREDIT	*40 A：IRREVOCABLE
DOC. CREDIT NUMBER	*20：002/00093
DATE OF ISSUE	31C：101105
EXPIRY	*31 D：DATE 101210 PLACE CHINA
APPLICANT	*50：ZHONGTUO CO. LTD, NO. 116 INDEPENDENT ROAD HAVANA PLUG ROM AREA SANTIAGO，CUBA
BENEFICIARY	*59：WEIKESY IMP & EXP CO. LTD, NO. 199 YUANWANG STREET XIANJING AREA FUZHOU CHINA
AMOUNT	*32B：CURRENCY USD AMOUNT12500.00
POS. / NEG. TOL.（%）	39A：5/5
AVAILABLE WITH/BY	*41D：ANY BANK IN CHINA
NEGOTIATION	
DRAFT AT	42C：AT SIGHT
FOR FULL INVOICE VALUE	
DRAWEE	42A：HABIB BANK LTD.，CUBA TRADING SERVICES，POX 1106， SANTIAGO，CUBA
PARTIAL SHIPMENTS	43P：NOT ALLOWED
TRANSSHIPMENT	43T：NOT ALLOWED
PORT OF LOADING	44E：FUZHOU CHINA
PORT OF DISCHARGE	44F：SANTIAGO CUBA
LATEST DATE OF SHIP	44C：101201
DESCRIPT OF GOODS	45A：

CORN CANNED，G. W.：410g/CN，N. W.：400 g/CN

EACH 20 CANNED IN ONE CARTON，CARTON SIZE：60 cm×46 cm×44 cm

QUANTITY：5000 CANNEDS

UNIT PRICE：At USD 2.50 PER CANNED CIF SANTIAGO

TOTAL VALUE：USD 12，500.00（SAY USD TWELVE THOUSAND AND FIVE HUNDRED ONLY）

DOCUMENTS REQUIRED　46A：

+ SIGNED COMMERCIAL INVOICE IN TRIPLICATE

＋ PACKING LIST IN TRIPLICATE
＋ ORIGINAL CERTIFICATE OF ORIGIN IN DUPLICATE
＋ FULL SET OF CLEAN ON BOARD BILLS OF LADING MADE OUT TO ORDER OF SHIPPER AND BLANK ENDORSED AND MARKED FREIGHT PREPAID NOTIFY APPLICANT
＋ FULL SET OF MARINE INSURANCE POLICY，ENDORSED IN BLANK FOR 110 PERCENT OF FULL CIF VALUE，COVERING ALL RISKS AS PER CIC OF PICC DATE 1/1/1981
＋ SELLER'S CERTIFIED COPY OF FAX DISPATCHED TO THE BUYER WITHIN TWO DAYS AFTER SHIPMENT ADVISING B/L NO.，NAME，QUANTITY AND AMOUNT OF GOODS，NAME OF VESSEL AND VOYAGE NO. AND DATE OF SHIPMENT

ADDITIONAL CONDITIONS　47A：
＋ SHORT FORM B/L NOT ACCEPTABLE
＋ ALL DOCUMENTS MUST BEAR L/C NO. AND S/C NO.，DOCUMENTS ISSUED PRIOR TO THE ISSUANCE OF THIS L/C ARE NOT ACCEPTABLE

DETAILS OF CHARGES　71B：ALL BANKING CHARGES OUTSIDE CUBA ARE FOR A/C OF BENEFICIARY

PRESENTATION PERIOD　48：DOCUMENTS TO BE PRESENTED WITHIN 15 DAYS AFTER THE DATE OF SHIPMENT，BUT WITHIN THE VALIDITY OF THE CREDIT

2. 相关单据

<table>
<tr><td rowspan="2">ISSUER
WEIKESY IMP & EXP CO. LTD,
NO. 199 YUANWANG STREET
XIANJING AREA FUZHOU CHINA</td><td colspan="2">商业发票
COMMERCIAL INVOICE</td></tr>
<tr><td>NO.
121003</td><td>DATE
NOV 6，2010</td></tr>
<tr><td>TO
ZHONGTUO CO. LTD,
NO. 116 INDEPENDENT ROAD
HAVANA PLUG ROM AREA SANTIAGO，CUBA</td><td>S/C NO.
171903</td><td>L/C NO.
002/00093</td></tr>
<tr><td>TRANSPORT DETAILS
FROM FUZHOU CHINA TO SANTIAGO CUBA BY SEA</td><td colspan="2">TERMS OF PAYMENT
CIF SANTIAGO</td></tr>
</table>

续表

Marks and Numbers	Number and kind of package of goods	Quantity	Unit Price	Amount
ZTCL SANTIAGO S/C NO. 171903 C/NO.：1—250	CORN CANNED PACKING： 20 CANNED IN A CARTON TOTAL：250CTNS	5000 CANNED	CIF SANTIAGO USD 2.50/CN	 USD 12，500.00
SAY TOTAL：SAY USD TWELVE THOUSAND AND FIVE HUNDRED ONLY WEIKESY IMP & EXP CO. LTD, 涂玉英				

ISSUER WEIKESY IMP & EXP CO. LTD, NO. 199 YUANWANG STREET XIANJING AREA FUZHOU CHINA	装箱单 PACKING LIST	
TO ZHONGTUO CO. LTD, NO. 116 INDEPENDENT ROAD HAVANA PLUG ROM AREA SANTIAGO，CUBA	INVOICE NO. 121003	DATE NOV. 6，2010
	S/C NO. 171903	L/C NO. 002/00093

Marks and Numbers	Number and kind of package of goods	PACKAGE	GW	NW	MEAS (m^3)
ZTCL SANTIAGO S/C NO. 171903 C/NO：1—250	CORN CANNED	250 CARTON	2050 kg	2000 kg	30.36 m^3
SAY TOTAL：TWO HUNDRED AND FIFTY CARTONS ONLY. WEIKESY IMP & EXP CO. LTD, 涂玉英					

<table>
<tr><td colspan="2">SHIPPER
WEIKESY IMP & EXP CO. LTD,
NO. 199 YUANWANG STREET
XIANJING AREA FUZHOU CHINA</td><td rowspan="5">B/L NO.：CASA5034
中国远洋运输（集团）公司
CHINA OCEAN SHIPPING
(GROUP) CO.
ORIGINAL
Combined Transport B/L</td></tr>
<tr><td colspan="2">CONSIGNEE
TO ORDER</td></tr>
<tr><td colspan="2">NOTIFY PARTY
ZHONGTUO CO. LTD,
NO. 116 INDEPENDENT ROAD
HAVANA PLUG ROM AREA SANTIAGO，CUBA</td></tr>
<tr><td>OCEAN VESSEL
DONGFENG</td><td>VOYAGE NO.
V. 166</td></tr>
<tr><td>PORT OF LOADING
FUZHOU CHINA</td><td>PORT OF DISCHARGE
SANTIAGE CUBA</td></tr>
<tr><td colspan="3">MARKS NO. S & KINDS OF PKGS DESCRIPTION OF GOODS GW (kg) MEAS (m^3)</td></tr>
<tr><td colspan="3">250 CTNS CORN CANNED 2050 KGS
30. 36 m^3
ZTCL
SANTIAGO
S/C NO. 171903
C/NO.：1-250
FREGHT PREPAID L/C NO.：002/00093 S/C NO. 171903</td></tr>
<tr><td colspan="3">TOTAL NUMBER OF PACKAGES (IN WORDS)：
SAY TWO HUNDRED AND FIFTY CARTONS ONLY.</td></tr>
<tr><td colspan="2">NUMBER OF ORIGINAL B/L
THREE (3)</td><td>PLACE AND DATE OF ISSUE
FUZHOU CHINA NOV 21，2010</td></tr>
<tr><td colspan="2">ENDORSEMENT：
WEIKESY IMP & EXP CO. LTD,</td><td>SIGNED BY：
CHINA OCEAN SHIPPING CO. AS CARRIER</td></tr>
</table>

<table>
<tr><td colspan="2">Exporter
WEIKESY IMP & EXP CO. LTD,
NO. 199 YUANWANG STREET
XIANJING AREA FUZHOU CHINA</td><td colspan="3" rowspan="2">Certificate No.

CERTIFICATE OF ORIGIN OF THE
PEOPLE'S REPUBLIC OF CHINA</td></tr>
<tr><td colspan="2">Consignee
ZHONGTUO CO. LTD,
NO. 116 INDEPENDENT ROAD
HAVANA PLUG ROM AREA SANTIAGO, CUBA</td></tr>
<tr><td colspan="2">Means of transport and route
FROM FUZHOU CHINA TO SANTIAGO CUBA BY SEA</td><td colspan="3" rowspan="2">For certifying authority use only</td></tr>
<tr><td colspan="2">Country/region of destination
CUBA</td></tr>
<tr><td>Marks and numbers
ZTCL
SANTIAGO
S/C NO. 171903
C/NO.: 1-250</td><td>Number and kind of Packages; description of goods
250CTNS (SAY TWO HUNDRE AND FIFTY CARTONS) OF CORN CANNED
****
L/C NO.: 002/00093 S/C NO. 171903</td><td>H. S code
07099090. 99</td><td>Quantity
5000
CANNEDS</td><td>Number and Date of Invoices
121003
NOV. 6, 2010</td></tr>
<tr><td colspan="2">Declaration by the exporter
The undersigned hereby declares that the above Details and statements are correct: that all the goods were produced in China and that they comply with the rules of origin of the people's republic of China.

WEIKESY IMP & EXP CO. LTD,
FUZHOU NOV. 9, 2012
涂玉英

Place and date, signature and stamp of certifying authority</td><td colspan="3">Certification
It is hereby certified that the declaration by the exporter is correct.

中国国际贸易促进委员会
FUZHOU NOV 9 , 2012
章丽

Place and date, signature and stamp of certifying authority</td></tr>
</table>

中 保 财 产 保 险 有 限 公 司

The People Insurance (Property) Company of China, Ltd

发票号码：**121003**　　　　　　　　　　　　　　　　保险单号，次

海 洋 货 物 运 输 保 险 单

MARINE CARGO TRANSPORTATION INSURANCE POLITY

被保险人：

WEIKESY IMP & EXP CO. LTD,

中保财产保险有限公司（以下简称本公司）根据被保险人的要求，及其所缴付约定的保险费，按照本保险单承担险别和背面所载条款与下列特别条款承保下列货物运输保险，特签发本保险单。

This policy of insurance witnesses that the people insurance (property) company of china, Ltd. (hereinafter called "The Company"), at the request of the insured and in consideration of the agreed premium paid by the insured. underakes to insure the undementioned goods in transpotation subject to the conditions of the Policy as per the Clauses printy over leaf and other special clauses attached hereon.

保险货物项目 Discripition of Goods	包装　单位　数量 Packing　Unit　Quantity	保险金额 Amount Insured
CORN CANNED L/C NO.: 002/00093 S/C NO. 171903	250 CARTONS	USD13，750.00

承保险别

Condition:

ALL RISKS

货物标记

Marks of Goods:

ZTCL

SANTIAGO

S/C NO. 171903

C/NO: 1—250

总保险金额：

Total Amount insured: SAY USD THIRTEEN THOUSAND SEVEN HUNDRED AND FIFTY ONLY.

保费＿＿＿＿　载运输工具 DONGFENG V. 166　开航日期 2010-11-21

Premium As arranged　Per conveyance S. S＿＿＿＿　Sig. on or abt＿＿＿＿

起运港　　　　　　　　　　　　目的港

From FUZHOU, CHINA　　　　　To SANTIAGO, CUBA

所保货物，如发生本保险单项下可能引起索赔的话，应立即通知本公司下述代理人查勘。如有索赔，应向本公司提交保险单正本（本保险单共有 2 份正本）及有关文件。如一份

正本已用于索赔，其余正本则自动失效。

In the event of loss or damage which may result in a claim under this Policy, immediate notice must be given to the company agent as mentioned hereunder. Claims, if any, one of the Originnal Policy which has been issued in 2 Original(s) together with the relevant documents shall be surrendered to the company. If one of the Original Policy has been accomplished, the others to be void.

中保财产保险有限公司

赔款偿付地点

Claim payable at CUBA IN USD

BILL OF EXCHANGE

No. 121003　　Date: DEC. 1, 2010

For: USD 12, 500.00　　S/C NO. 171903

At *** sight of this second of exchange (first of the same tenor and date unpaid)

Pay to the order of BANK OF CHINA, FUZHOU BRANCH

The sum of CUP TWELVE THOUSAND AND FIVE HUNDRED ONLY

Drawn under HABIB BANK LTD., CUBA

L/C No.: 002/00093　　Dated: NOV. 5, 2010

To: HABIB BANK LTD., CUBA

WEIKESY IMP & EXP CO. LTD,

涂玉英

福建维克斯进出口有限公司

FUJIAN WEIKESY IMP & EXP CO., LTD.

FAX

TO: ZHONGTUO CO., LTD.

DATE: NOV. 22, 2010

SHIPPING ADVICE

<u>CREDIT NUMBER：002/00093</u>

We hereby inform you that goods under the above credit have been shipped on Nov. 21, 2010. The details of shipment are stated below：

Commodity：CORN CANNED
Shipping Marks：ZTCL
SANTIAGO
S/C NO. 171903
C/NO.：1-250
Number of cartons：250 Cartons
Total Gross Weight：2050 kg
Goods Value：USD 12，500.00
Ocean Vessel：DONGFENG V. 166
Number of B/L：CASA5034
Date of Shipment：Nov. 21，2010
From：FUZHOU
To：SANTIAGE
Yours sincerely,
涂玉英

工作任务九

善后管理工作

一、实训目标

➢通过实训，熟悉出口善后工作的基本内容，掌握出口退税的办理流程，能够书写出口善后函，了解与出口有关的索赔理赔、争议纠纷处理工作的基本方法。

二、业务背景

2011 年 2 月 14 日，李东收到厦门海关加盖验讫章的出口货物报关单收汇核销联、出口货物报关单出口退税专用联、出口收汇核销单。

2011 年 2 月 21 日，李东收到厦门市商业银行开具的涉外收入申报单（即银行水单），得知开证行 F. VAN LANSCHOT BANKIERS N. V. 已付款，此笔交易顺利结汇。

2011 年 2 月 23 日，李东向外汇管理局办理出口收汇核销手续，提交涉外收入申报单、出口货物报关单收汇核销联和出口收汇核销单。

2011 年 2 月 25 日，李东向国税局办理出口退税手续，提交增值税发票抵扣联、商业发票和出口货物报关单出口退税专用联、国家外汇管理局加盖已核销章的出口收汇核销单出口退税专用联（即“两票两单”）。

这里要注意的是，由于建立于 20 世纪 90 年代的货物贸易进出口核销制度，适应我国当时的经济发展状况，发挥了积极的作用，但随着我国社会主义市场经济的不断发展，以“逐笔核销、事前备案、现场审核、行为监管”为主要特征的核销制度已经不能适应我国对外贸易的快速发展，迫切需要进行改革和优化。因此，从 2012 年 8 月 1 日起，我国开始在全国实施货物贸易外汇管理制度改革。

新的货物贸易外汇管理制度取消了外汇核销单，企业办理货物贸易外汇收支更加便利，贸易收付汇效率明显提高。改革后货物贸易外汇管理制度的核心内容是总量核查、动态监测和分类管理，基本做法是依托全国集中的货物贸易外汇监测系统全面采集企业进出口收付汇及进出口货物流的完整信息，以企业主体为单位，对其资金流和货物流进行非现场总量核查，对非现场总量核查中发现的可疑企业实施现场核查，进而对企业实行动态监测和分类管理。同时，提高监管部门间数据与信息交流的力度，强化协同机制，加强联合监管。

外汇局根据企业贸易外汇收支的合规性及其与货物进出口的一致性，将企业分为 A、B、C 三类。A 类企业进口付汇单证简化，可凭进口报关单、合同或发票等任何一种能够证明交易真实性的单证在银行直接办理付汇，出口收汇无须联网核查；银行办理收付汇审核手续相应简化。对 B、C 类企业在贸易外汇收支单证审核、业务类型、结算方式等方面实施严格监管，B类企业贸易外汇收支由银行实施电子数据核查，C类企业贸易外汇收支须经外汇局逐笔登记后办理。

因此，在以后的此类出口善后工作中，业务员无须缮制出口收汇核销单，在进行出口退税业务办理时，也只需提供“两票一单”即可，即增值税发票抵扣联、商业发票和出口货物报关单出口退税专用联。

2011年2月28日，李东给客户JBS TRADING B. V. 公司写了一封善后函，在信中，李东回顾了此次交易和双方来往的点点滴滴，对客户表示了真诚的谢意和加强往后交易来往的信心。

2011年5月2日，李东收到客户来信。

JBS TRADING B. V.

JBS PRODUCTS

Heiman Dullaertolein 4，3068CA Rotterdam，The Netherlands

P. O. Box 1788

TEL：＋31-10-4767518　FAX：＋31-10-4767522　E-MAIL：william@jbs. com

TO：FUJIAN SHENGYU IMPORT AND EXPORT CO.，LTD.

ATTN：DONG LI

DATE：MAY 2，2011

Dear Mr. Li，

We are glad to have received the documents and took delivery of the goods. We thank you for your prompt execution of this order.

But we regret to inform you that everything appears correct and in good condition except that we have ordered 4 sets in a carton in the contract，but after our careful examination，we've found that there are 18 cartons which only has 3 sets in it.

After going into the matter carefully，we presume that the incorrect delivery might be due to your incautious packing.

As our customers are in bad need of the goods，we are compelled to loge a claim with you for prompt substitution/replacement.

This is the first time in many years that we had reason to complain，and we expect that you will look into the matter at once.

We have no doubt, believe therefore, that you will do your utmost to ensure settlement of our claim before the end of May.

Yours sincerely,
JBS TRADING B. V.
William Smith
Manager

三、实训任务

请你以李东的身份结合以上业务背景，完成出口善后管理工作：

（1）办理出口退税，缮制出口报关单（出口退税专用）。

中华人民共和国海关出口货物报关单

预录入编号：　　　　　　　　　　　　　　　　　　海关编号：

出口口岸	备案号		出口日期	申报日期
经营单位	运输方式	运输工具名称	提运单号	
发货单位	贸易方式	征免性质	结汇方式	
许可证号	运抵国（地区）	指运港	境内货源地	
批准文号	成交方式	运费	保费	杂费
合同协议号	件数	包装种类	毛重（公斤）	净重（公斤）
集装箱号	随附单据			生产厂家
标记唛码及备注				

项号	商品编号	商品名称、规格型号	数量及单位	最终目的国（地区）	单价	总价	币制	征免

税费征收情况

录入员	录入单位	兹声明以上申报无讹并承担法律责任	海关审单批注及放行日期（签章）
相关员			审单　　审价
单位地址		申报单位（签章）	征税　　统计
邮编	电话	填制日期	查验　　放行

（2）拟写业务善后函。

福建盛宇进出口有限公司

Fujian Shengyu Import & Export Co.，Ltd.

28-Feb-2011

Mr. William Smith
JBS TRADING B. V.
Heiman Dullaertolein 4，3068CA Rotterdam，The Netherlands
Dear Mr. Smith

____

____

____

____

____

____

____

____

____

____

____

____

____

____

李东
Dong Li

（3）出口业务纠纷处理。